JN173895

「新」実存主義の思想

全体主義に打ち克つ新たな哲学

川本兼

明石書店

まえがき

本書のサブタイトルは、「全体主義に打ち克つ新たな哲学」です。ですから本書は私の前著『右傾化に打ち克つ新たな思想――人間の尊厳に立脚した民主主義の発展を』（明石書店、二〇一四年）の続編です。そのため、このサブタイトルの中の「打ち克つ」という言葉は、前著でも述べたように、ただ右傾化や全体主義化をもたらす政治勢力に勝利したいという意味ばかりではなく、全体主義的思考方法を行うことによって自らの誇りや心の安定を獲得したいという誘惑に日本人は「打ち克つ」必要があるということを意味します。

続編である以上、できることなら読者の皆様には前著もお読みいただければと思うのですが、しかしそれでは、どうして私は前著に加えて続編までをも出版したいと考えたのか。その理由は、現在進行する右傾化を支持する日本国民の数が一向に減少しそうもないからです。もしかすると現在の日本人の思考方法は、戦前の日本人のような全体主義的思考方法に戻っているのかもしれない。あるいは現在の日本人の思考方法は、戦前の日本人のそれとほとんど変わっていないのかもしれない。

もしそうであれば、日本人は再び日本型全体主義社会の加担者となり、そしてそれはわが国をして再び戦争に向かわせるかもしれません。なぜなら本論の中でも述べたように、戦争が全体主義社会をもたらしたのか、全体主義社会が戦争をもたらしたのかという問題を考えると、全体主義社会が戦争をもたらした可能性の方が高いからです。だからこそ、現在の日本人は全体主義的思考方法に「打ち克つ」必要がある！

本論をお読みいただく前に、本書における各論考の内容とその各論考どうしのつながりを簡単に説明しておきたいと思います。第1章「実存主義の哲学的拡大――『人間を起点とする社会哲学』と実存主義」という論考は、『人間学紀要45』（上智人間学会、二〇一六年二月）に掲載された私の論考のタイトルとサブタイトルを入れ替え、その文体を「である体」から「ですます体」に書き換えたものです。

この場合、実存主義の哲学的拡大とは、私の言う個人哲学（人間のあるべき生き方を追究する哲学）しか持たないこれまでの実存主義を社会哲学（社会のあるべきあり方を追究する哲学）を持ったものにまで拡大するという意味なのですが、社会哲学を持たない既存の実存主義では、私たちの住む社会・国家の社会像・国家像を打ち出すことはできません。だからこそ既存の実存主義は変革の思想にはなりえなかったのですが、そこで私は、この論考で「かけがえのない他者」（現存在としての自分にとってこの上もなく大切な自分以外の人間）という概念を提起し、さらに私の考え方の総称である「人間を起点とする社会哲学」と実存主義との結合を提唱します。

つまり、私は、実存主義的思考方法（現実存在としての自分自身を起点とした思考方法）を社会哲学にも適用する必要があると考えているのですが、実を言うと私は、日本人が全体主義的思考方法に「打ち克つ」には、その思考方法を実存主義的思考方法に改める必要があると考えています。ですから、日本人はその実存主義的思考方法を用いて自らの生き方を主体的に決めるばかりでなく、わが国あるいは世界の今後の社会像・国家像を打ち出し、そしてわが国あるいは世界を主体的に作り変えていかなくてはならない！――そして、このことこそが各論考を貫く本書全体のテーマなのです。

第2章の「全体主義の思想と新しい実存主義――マルクス主義哲学はどうして全体主義社会をもたらしてしまったのか」という論考は、第1章を受けて新たに書きました。この場合、「新しい実存主義」とは「人間を起点とする社会哲学」とこれまでの実存主義が結合した実存主義を指しているのですが、第1章の論考は、それだけでは完結していません。その論考の中で私は、ヘーゲルの社会像・国家像を否定しなければキルケゴールはヘーゲル哲学を批判したことにならないと述べ、また新しい実存主義は、マルクス主義に替わって今後の社会変革の主たる担い手となると述べました。それはヘーゲル哲学もマルクス主義哲学も、ともに全体主義の思想、すなわち全体主義社会をもたらす思想であることを意味するのですが、つまり私の考えでは、これからの実存主義は社会哲学を持つばかりでなく、全体主義の思想を批判するものでなくてはならないのです。

そこで、この章で私は全体主義の思想が持つ一般的論理構造、国家至上型あるいは民族至上型全体主義社会をもたらしたヘーゲル哲学、階級至上型全体主義社会をもたらしたマルクス主義哲学を扱います。そしてさらに、そのマルクス主義哲学を扱う中で本質存在としての人間を起点とする思考方法の問題点を扱うのですが、つまり、本質存在としての人間を起点とする思考方法は大きな欠陥をそのうちに含んでおり、それは全体主義社会において特に顕著に現れるのです。

第3章の「日本人はあの戦争で何を反省しなければならなかったのか――日本型全体主義の考察」は、構想の段階では第2章の最後におかれていたものを章として独立させたものです。ですからこの章は第1章・第2章全体を受けて書かれた本書の中で最も重要な章となるのですが、これまでの著作で私は、日本国民の戦後の「感覚」に言葉（ロゴス）を与えようとしてきました。しかし日本国民の戦後の「感覚」には、そこに隠された部分があります。それは、戦前の日本人が全体主義的思考方法をとっており、戦前・戦中の日本型全体主義社会の加担者だったという事実に関してです。そして、そのことは戦前の日本人は、実は戦争中はあの戦争を支持していたという事実につながります。

そこで、私はこの章で日本型全体主義に対する考察を行うのですが、私はその日本型全体主義を絶対君主至上型の全体主義と捉えます。ですから、日本型全体主義社会（国家）は人間の自由とか民衆の解放とかといった近代民主主義の骨格となる理念が生まれる以前の思想状況・社会状況下にあった日本において成立した全体主義社会（国家）なのですが、日本型全体主義社会（国家）の最大の特徴は封建的思考方法が残存していることです。そしてその主たる担い手は、天皇を利用する「忠臣」となるのですが、全体主義的・封建的思考方法をとる日本人のほとんどは、その日本型全体主義社会の加担者だった！　したがって日本人があの戦争で反省すべきだったことは、その全体主義的思考方法と封建的思考方法ということになります。

第4章の「講演録・人間を起点とする社会哲学——その成立の背景と特徴」は、前著が出版された直後の二〇一四年の六月に、私の友人が主催するあるサロンで話した内容を原稿に起こしたものです。そのため書かれた時期からすればこの章が最も早いのですが、すでに前著を読んでいる読者は、もちろんこの章から読み始めても構いません。

しかし、この講演録の中で私は、私の思考方法や今までの私の生き方を扱っており、たぶんそれは、本書の論考が成立した背景としての意味を持つに違いありません。また、この講演録は、個人哲学と社会哲学を分離することが持つ意味を考えることによって、構造主義哲学が陥っている相対主義の克服の問題をも扱っています。そこで、私はこの講演録を本書の最終章においてもいいと考えて、それを第4章としたのです。

関連して、付録の「日本国憲法改正私案」に関しても一言触れておきたいと思います。この「日本国憲法改正私案」は前著にも載せてあります。しかし、本書では第3章でその私案を用いながら私の考えを述べていることもあり、本書においても付録として載せておきました。

かつてわが国における革新勢力は憲法を守れ、憲法を守れと主張し、たとえそれが未来に向かって憲法を前進させるという考え方に基づくものであっても、憲法を変えるという考え方自体を許しませんでした。そして、右傾化に反対する人々の中には、現在もそのような考え方の人が多いように思われるのですが、しかし、私は以前から現憲法を外見的立憲主義への回帰を許さない、文字通りの近代立憲主義に基づいた新憲法に改める必要を感じていました。また日本人の戦争体験を基本的人権に移し替えてそれを憲法の中に謳う必要も感じていたのですが、そこで私は『自分で書こう！　日本国憲法改正案』（明石書店、二〇〇四年）の中でこの憲法改正私案を提起したのです。本論ばかりでなく、この憲法改正私案に関しても併せてお読みいただけたらと思います。

「新」実存主義の思想
――全体主義に打ち克つ新たな哲学

目次

第1章　実存主義の哲学的拡大
——「人間を起点とする社会哲学」と実存主義

実存主義の哲学的拡大

この論考のタイトルは「実存主義の哲学的拡大」ですが、正直に言うと、政治哲学とか政治思想とかに関係する分野を除いて、私が哲学に関して真剣に研究し始めたのはごく最近のことです。それなのにどうして私はこのような無謀と言ってもいいほどの大きなテーマを設定したのか。

その理由は、実存主義が哲学的に拡大されれば、哲学が今の時代に指針を与えられるようになるかもしれないと考えるからです。哲学はそれぞれの時代においてその時代における様々な問題を論理の根底にまで遡って考察し、人間の生き方や社会のあり方に関する普遍原理を追究します。そのため哲学はそれぞれの時代の要請に応え、その時代の方向性に指針を与えるという役割を担うのですが、しかし、現在の哲学はそのような役割を果たしてはいません。

例えば人類は、前世紀（二〇世紀）に二度にもわたる世界大戦を経験しました。しかし、その犠牲者数の未曾有の大きさにもかかわらず、哲学はまだ戦争の問題に真剣に取り組んではいません。また人類は、やはり前世紀の両大戦間および第二次世界大戦の時期にドイツ・イタリア・日本において国家あるいは民族至上型全体主義（ファシズム型全体主義）を体験し、第二次世界大戦後には階級至上型全体主義（ソ連型全体主義、マルクス・レーニン主義型全体主義）を体験しました(1)。しかし、哲学はその全体主義の問題に対しても、現在に至るまで適切な指針を提示できているとは言えないでしょう(2)。

そして、そのことが現在の日本における右傾化の問題の根底に存在します。私は現在の日本ほど歴史的方向性に対する哲学的指針を必要としている国はないと考えているのですが、日本国民の戦後の「感覚」は戦前の半封建的・全体主義的日本を否定し、さらには世界史の中で初めて「戦争そのもの」および「戦争ができる国家」を否定しました。そして、戦後の日本はそのような方向に歩み始めるはずだったのですが、ところが戦後におけるわが国の保守勢力と歴代政権は、わが国がそのような方向に向かうことを機会あるごとにサボタージュし、かえって逆に、戦前の日本への回帰を志向しました。それがわが国における右傾化の問題なのですが、そして、その動きを一気に加速したのが現在の安倍政権です。

安倍政権になってからのわが国は、右傾化の急速な体制化、すなわち国家がその右傾化を国家の制度の中に急速に組み入れている時代と言うことができるでしょう。特定機密保護法の制定、集団的自衛権行使容認の閣議決定、日米防衛協力の指針（ガイドライン）の改定、「平和安全法制」の名称のもとに提出された安全保障関連法案という「戦争ができる国家」回帰法案……。そして、二〇一五年九月にその安全保障関連法が成立してしまった以上、今後残されているのは文言上の憲法改正だけなのですが、しかし、たとえその憲法改正がすぐには行われなくても、たぶん現在のわが国は、すでに戦前の日本にかなり近いところにいると言ってもいいでしょう。(3)

問題なのは日本国民の多くが現在のわが国の状況を右傾化であるとは感じなくなっているということです。右傾化を支持する人たちはすでに反対者の主張に耳をかさなくなっています。いやそればかりか、反対の主張をする人たちを異分子として馬鹿にしたり、攻撃したりし始めています。そこで私は、わが国における現在の状況に日本人の「先祖返り」を感ぜざるをえないのですが、(4)つまり現在の哲学は、わが国の右傾化の問題に対しても、まったくと言ってもいいほどに何の指針も示せないでいるのです。

最近私は、哲学から変えないと日本は（そして世界は）変わらないのではないかと考え始めています。そして今述べたように、哲学は今こそ現在における時代の方向性に指針を与えなくてはならないと考えています。そこで私は、実存主義が哲学的に拡大されれば、哲学がそのような役割を果たせるようになるのでは、と考えたのです。

ところで、それでは私の言う「実存主義の哲学的拡大」とは何を意味するのか。――それは実存主義が社会哲学を含んだものになるまで拡大するということです。そしてそれは、具体的には実存主義が「人間を起点とする社会哲学」を自らの哲学の中に取り入れたものにまで拡大するということを意味します。

私は、実存主義の最大の欠点は社会哲学を持っていないことにあると考えています。この場合、社会哲学とは人間のあるべき生き方を追究する個人哲学に対して、社会のあるべきあり方を追究する哲学のことですが、だからこそ実存主義は、少なくとも社会のあるべきあり方に関しては時代の要請に応えることができないのです。そしてこの場合、「人間を起点とする社会哲学」とは、「新」社会契約説・人権革命・「平和のための革命」・民主主義の本質規定その他を含んだ私の考え方の総称です。「人間を起点とする社会哲学」は個人哲学と社会哲学を分離し（あるいはこれまでの哲学から社会哲学の分野を独立させ）、主に社会哲学の分野を追究してきたのですが[(5)]、つまり私は、実存主義は「人間を起点とする社会哲学」によって補完されなくてはならないと考えるのです。そして、そのことは、言い方を変えれば、これまでの実存主義と「人間を起点とする社会哲学」は統合されて、新たに実存主義という一つの哲学にならなくてはならないと言ってもいいでしょう。

実存主義的発想と「かけがえのない人間」

ところで、それでは私はどうして実存主義の哲学的拡大ができると考えるのか。——その理由は、「人間を起点とする社会哲学」の根底には実存主義的発想が存在し、したがって実存主義と「人間を起点とする社会哲学」は同じ発想に基づくからです。

私は、これまで私自身の個人哲学に関する部分をほとんど述べていません。しかし、私の個人哲学に関する部分は実存主義と同じ発想に立っており、そして「人間を起点とする社会哲学」の根底には、その実存主義的発想が存在します（ただし、この後ですぐ述べるように、つい最近まで私自身もそのことに気づかなかったのですが……）[6]。

実存主義はキルケゴールによって創始されました。したがって実存主義的発想とはキルケゴールによって始められた発想の仕方ですが、中世ヨーロッパのスコラ哲学においては、本質、すなわち神の知性の中にある観念が創造の働きによって外に置かれる時、初めて個物が現実的に存在することになります。そこで理性をその本質とする人間やその人間のために創造された事物が実存することになったのですが、したがって中世キリスト教神学においては、「本質は実存に先立つ」のです。

ところが、デカルト以降の近代合理主義哲学においても、そのような思考方法が受け継がれました。近代合理主義も人間の理性によって本質が明確に確認されうるものだけが現実に存在しうると考えるからですが、その近代合理主義哲学を膨大な体系のもとに完成させたのが、「理性的であるものこそ現実的であり、現実的であるものこそ理性的である」[7]と述べたヘーゲルです。そして、ヘーゲル哲学ではすべての現実存在が本質存在に還元され、一切の個別性が普遍性に解消されてしまいました。

このヘーゲルによって完成された近代合理主義に反発したのが後期のシェリングです。現実存在には本質存在には解消しえない非合理性があると考えるからですが、しかし、シェリングが問題にした実存は一切の事物の現実存在を意味していました。ところがその実存という概念を「私（自分・自己）」という現実存在に狭めて用いたのがキルケゴールです。一切の現実存在の中で理性によって基礎づけることが最も困難なものは自分という現実存在であると考えるからですが、つまりキルケゴールは、本質存在を起点としたそれまでのヨーロッパ哲学の発想から、自分という人間（実存）を起点とする発想への転換をもたらしたのです。

キルケゴール以後の実存哲学あるいは実存主義が受け継ぐのは、キルケゴールが行ったこの実存主義的発想です。そして、「人間を起点とする社会哲学」が基づいている実存主義的発想も、このキルケゴール的意味での発想です。

キルケゴールによって行われた哲学上の発想転換（＝実存主義的発想の誕生）は、人間あるいは人間のあるべき生き方の問題を考える上で画期的なことでした。キルケゴールの捉える実存とは、他人の存在と置き換えることができない自分自身、一切の普遍化を拒否する自分自身、常に例外であり孤独である自分自身、何の拠り所もなく自らの責任において自らを形成しなくてはならないという運命を背負わされている自分自身です。ということは、私という現実存在は「かけがえのない存在」であるということを意味します。私という人間は理性的人間という言葉で括られる存在ではない。私という人間は、他人と置き換えることができない「かけがえのない存在」なのだ。

そして「私」が「かけがえのない存在」であれば、すべての人間がそれぞれに「かけがえのない存在」ということになります。すべての人間は、その一人ひとりが「かけがえのない存在」なのだ。――このような結論を導き出せることを明らかにしたこと、それが実存主義が果たした最大の功績と言ってもいいでしょう。

人間の真実存在に対する強すぎるこだわりと実存主義のジレンマ

実存、すなわち現実存在としての自分自身を起点とする発想に立つ実存主義は、人間の真実存在、すなわち「いかにして真の自己になるか」を徹底的に追究します。そして、そのことによって人間あるいは人間のあるべき生き方の分析も次々に先鋭化されるのですが、「私にとって真理であるような真理を発見し、私がそのために生き、そして死にたいと思うようなイデーを発見することが必要なのだ」(8)という言葉に示されるように、キルケゴールは単独者の主体的真理を求めました。彼の終生の課題は「いかにして真のキリスト者になるか」ですが、しかしそれは、キルケゴールにとっては「いかにして真の自己となるか」ということを意味していたのです。

「神は死んだ」と宣言するニーチェは、「超人」という形で人間の真実存在を追究します。すなわち、「力への意志」をもってニヒリズムを生き抜き、かつそれを克服する「超人」の立場に人間の本来的あり方、「真の自己」を求めたのですが、もちろんキルケゴールとは異なり、ニーチェは徹底的な無神論の立場をとります。しかし、ニーチェとキルケゴールは「いかにして真の自己になるか」を真摯に追究するという意味においては完全に一致しており、そこで二人は、ともに実存主義の先駆者とされることになるのです。

キルケゴールとニーチェの影響のもとに、第一次大戦後にヤスパースは、日常的生存のあり方から飛躍して、人間の本来的あり方である実存を実現することを追究します。そのため、ヤスパースは実存照明（開明）、すなわち自らの根拠である実存の暗闇を自ら照らしつつ自覚を深めることを求めるのですが、またそのヤスパースとほぼ同時期に、ハイデッガーも世間の日常生活に埋没する非個性的な、誰でもない、無責任な人間としての「ダス・マン（世人）」に頽落している人間を否定し、「死への存在」であることを自覚することを通じて、人間が本来的自己に目覚めるべきであることを主張します。

そして、第二次大戦後のフランスにおいては、無神論的実存主義を唱えるサルトルが「実存は本質に先立つ」、「人間は彼が自ら作る以外の何者でもない」として実存の自由の絶対性を主張しました。そして、実存の主体性から出発することを説き、さらにその実存が選択することの重みを「われわれが、人間はみずからを選択するというとき、われわれが意味するのは、各人がそれぞれ自分自身を選択するということであるが、しかしまた、各人はみずからを選ぶことによって全人類を選択するということをも意味している(9)」という言葉で表現して、「みずからを選ぶことによって全人類を選択する（＝アンガジェする・拘束する）責任」を引き受ける人間たらんとするのです。

このように実存主義は、人間の真実存在の追究、すなわち「いかにして真の自己となるのか」

を真摯に追究し、人間および人間の生き方に対する分析を先鋭化させたのですが、しかし、「人間を起点とする社会哲学」からすれば、その人間の真実存在追究に対する強すぎるこだわりが、同時に実存主義の欠点につながっているように思われます。

現実存在としての人間（実存）が自らの真実存在を求めることは極めて自然なことだと言えるでしょう。「人間を起点とする社会哲学」は、実存主義者の扱う人間の不安の根源には「実存の意味の不確かさ」、すなわち人間が存在していることに意味があるかどうかが客観的には証明できないことがあると考えます。(10) 人間が自らの価値を証明できない以上、人間は何が価値ある生き方であるかが分からないまま生きなくてはなりません。そこで人間はその実存の意味の不確かさに対して不安を抱かざるをえないのですが、自らの真実存在が見つかることは、すべての人間が不可避的に有しているこの実存の意味の不確かさに対する不安から解放されることを意味します。

そこで現実存在としての人間が自らの真実存在を求めることは極めて自然なことだと思われるのですが、しかし、人間の真実存在にあまりにも強すぎるこだわりを持つ実存主義は、人間の真実存在につながらない生活を否定してしまう可能性を持ち、そのことを通じて真実存在を追究していないとされる人間を排除してしまう可能性を持ちます。この場合、「真の自己」を追究しない人々は一般に大衆と呼ばれるのですが、したがって実存主義者にとって大衆は「かけがえのない存在」ではありません。そのような人々は、ハイデッガーの言う「ダス・マン」でしかないのです。そこで実存主義はジレンマに陥ります。なぜなら、人間の真実存在に対する実存主義者の分析が先鋭化されればされるほど「かけがえのない人間」の数は少なくなり、そうではないとされる大衆の数は増加することになるからです。

さらに、真実存在に対する実存主義者の強すぎるこだわりは、自分が「真の自己」を追究するがゆえに、それを行わない大衆に対する優越感を持つ人間を生み出さざるをえないでしょう。そして、そのような優越感を持つ人間が大衆を侮蔑し、攻撃する。ところが、このことは自分と異なる行動をとる人間を侮蔑し、攻撃する大衆の増加につながらざるをえません。なぜなら、ほとんどの人間はたぶん自らが大衆であるとは考えず、自分の行動や生活こそ人間の真実存在を追究したものだと考えるだろうからです。そして、自分と異なる行動や生活を行う他の人間を大衆と考えて侮蔑し、攻撃する。したがってこの場合は、実際は大衆が自分とは異なる行動や生活をする他の大衆を侮蔑し、攻撃することになるのですが、つまり人間の真実存在に対する実存主義者の強すぎるこだわりは、結果的には大衆が自分とは異なる行動をとる大衆を侮蔑し、攻撃することにつながるのです。

このことは、ナチスを支持した膨大な大衆が、自らを人間の真実存在を追究しない大衆であるとは決して考えていなかったであろうことを考えても明らかです。実存主義、特にニーチェの「超人」の考え方や「ダス・マン」に頽落している人間を否定するハイデッガーの考え方は、他者に対する自分の優越した価値に対する考え方という側面を持っています（少なくとも彼らの考え方が他の人間を蔑視する考え方を持つ勢力に利用される可能性を持っていたことは否定できません）。だからこそ、ニーチェの「超人」の考え方はナチスに利用されて、ドイツ民族の優越性とユダヤ人の虐殺につながったのであり、そしてハイデッガーは、そのハイデッガー自身がナチスの党員だった……、そう考えられるのではないでしょうか。

実存主義者の真実存在への強すぎるこだわりは、たぶんキリスト教の本質存在としての人間の考え方を引きずっているからでしょう。神・人間・自然の縦の関係の中にいる人間、それが他の動物より価値ある存在としての人間の生き方を必要以上に強調させているように思われるのですが、人間は他の動物とは異なる。だから人間は人間としての真実存在を追究しなくてはならない。そしてそのことは、ニーチェやサルトルが無神論的実存主義を唱えようとも変わりはありません。つまり「人間を起点とする社会哲学」から見ると、実存主義は本質存在としての理性的人間像を起点とする発想は脱却したものの、他の動物とは異なる人間という本質存在を起点とする発想からまだ完全には脱しきれてはいないように思われるのです。

人間の真実存在追究は個人哲学に属する

それでは、実存主義のジレンマを克服するためにはどうすればいいのか。一つには、人間の真実存在の問題は、「人間を起点とする社会哲学」の言う個人哲学の問題であることを認めることです。そしてもう一つは、実存主義が実存主義的発想に立った自らの社会哲学を個人哲学とは別に持つことです。

まず最初の人間の真実存在の問題は「人間を起点とする社会哲学」の言う個人哲学の問題であることを認めるということについてですが、それは、人間の真実存在の問題がキルケゴールの言うような「主体的真理」であることを再確認することを意味します。

希望的推論を交えず論理のみを厳格に追究するとすれば、人間にとって真実存在と言える生き方があるかないかは不明と言ってもいいでしょう。人間はその人間自身が存在することの意味を客観的には証明できないという厳然たる事実は、人間をして人間にとっての真実存在があるという結論を安易に引き出させはしないからですが、それなのに自らが追究している真実存在の内容を他の人間を批判したり侮蔑するために用いる。それはある意味では独りよがりであり、自分の考え方の押しつけと言ってもいいでしょう。

そして人間の真実存在は、もしそのようなものがあったとしても、やはりそれはあくまでもそれを追究しているそれぞれの人間にとっての真実存在でしかなく、すべての人間にとっての普遍的な真実存在は、たぶん存在しないのです。もちろん、ある人間が追究する真実存在が他の人間の主体性を通じることによって、他の人間にとっての真実存在になることはありうるでしょう。したがって、ある人間が考える真実存在がすべての人間の主体性を通じて、すべての人間の真実存在になることも論理的にはありえます。しかし、それはあくまでも可能性の問題でしかありません。つまり、人間の真実存在の追究は他人の生き方に対する批判として用いられるものではないのです。したがって、それを他の人間の行動や生活を判断する根拠として用いることは間違いなのです。

実存主義者が大衆を批判することは、もしかすると人間の真実存在に対する実存主義の思索内容が狭すぎることを表しているのかもしれません。実存主義が認める人間の真実存在に対する許容限度が狭すぎるがゆえに、実存主義者は他の人間（大衆）を批判する。したがってたぶん実存主義者は、これからは自分が認める真実存在以外の行動や生活を他の人間が行うことを認めなくてはならないでしょう。大衆と呼ばれる多くの人々の行動や生活は、もしかするとその人々にとっては、やはり「真の自己」を追究したものなのかもしれないからですが、何はともあれ、「かけがえのない人間」の数が次々に少なくなってしまうような現在の実存主義の論理では、「かけがえのない存在」があまりにも限定されすぎてしまうと言うほかはないでしょう。

実存主義が提起する人間の真実存在の問題は個人哲学の問題であることは認められなくてはなりません。しかし考えてみれば、人間が自らの真実存在を追究できるということは、たとえそのことが個人哲学の問題に限定されようとも、そのことだけでも計り知れない意味を持つのです。人間が自分にとっての真実存在を追究できるということは、そのことだけでその人間が生き続けていくことの価値を感ずることができるということを意味します。ですから、人間の真実存在追究という個人哲学における最大の問題を提起した、そのことだけでも実存主義が果たした功績はあまりにも大きいと考えることができるのです。

「かけがえのない他者」と「かけがえのない他者」を思いやる自己

実存主義が実存主義的発想に基づく自らの社会哲学を個人哲学とは別に持つことについてですが、先ほども述べたように、私は実存主義の最大の欠点は社会哲学を持たないことにあると考えています。そして、もし実存主義が自らの社会哲学を持てば、実存主義は他の人間の行動や生活を批判することなしに、徹底的に人間の真実存在追究を行うことができるでしょう。他者の行動や生活を判断し批判する根拠に関しては社会哲学に委ねることができるからですが、社会哲学は社会のあるべきあり方を追究します。そして社会は人間と人間の様々な関係によって成立します。したがって社会哲学は、社会のあるべきあり方を追究するという形で人間と他の人間の関係のあるべきあり方を追究し、そこで他の人間の行動や生活を判断し批判する根拠は社会哲学に委ねられることが可能なのです。

それでは、どうして実存主義はこれまで社会哲学を持てなかったのか。あるいは、どうすれば実存主義は社会哲学を持つことができるようになるのか。

当然のことながら、この問題はこれまでの実存主義における人間の真実存在に対する強すぎるこだわりにも関係します。人間の真実存在に対する強すぎるこだわりが、その結果として社会哲学を持てなかったことにつながった。

しかし、この問題を考える上で最も重要なポイントとなるのは、たぶん「かけがえのない他者」およびその「かけがえのない他者」を思いやる自己という概念でしょう。この場合「かけがえのない他者」とは、現実存在としての自分にとってこの上もなく大切な他の人間を意味しています。もちろん、そのような人間がヘーゲルの膨大な哲学大系の中に存在することはないでしょう。それはヘーゲルの哲学大系の中にキルケゴールの現実存在としての自分がいなかった以上確実ですが、この場合「かけがえのない」という言葉は、他の人間の価値は、私という人間を起点として大切さにおいて順序がついているということを意味します。

したがって「かけがえのない他者」はそれぞれの人間によって異なるのですが、たぶん多くの人間にとってそれは自分の子どもや兄弟や親であったり、親友や恋人であったりするのでしょう。また例えば仕事やサークル活動などで偶然知り合った他の人間がその仕事や活動を越えて大切な人間になったというようなこともあると思うのですが、当然のことながら「かけがえのない他者」の人数も人によって異なるでしょう。たぶん数人から十数人、場合によっては数十人程度だと思うのですが、少なくともすべての人間が「かけがえのない他者」になるのではありません。

「かけがえのない他者」を思いやる自己という言葉の中の「思いやる」という心のあり方は、「かけがえのない他者」が苦しむことがないよう願う心とか、「かけがえのない他者」が幸せになるよう願う心とかと言ってもいいでしょう。もちろん、それはキリスト教の言う隣人愛、仏教の言う慈悲の心、儒教で言う惻隠の心などとある程度は関係します。しかし「かけがえのない他者」を「思いやる」心は、それら普遍的心のあり方よりは狭い概念です。その思いやる心の対象が自分中心の一定の人間に限定されるからですが、しかしそれは現実存在としての自分自身に完全に密着している。

実を言うと「かけがえのない他者」とその「かけがえのない他者」を思いやる自己という発想が生まれたのはごく最近のことです。したがって私はこれまではそのような言葉は使っていないのですが、たぶんこのような発想が生まれたのは、私が実存主義についてある程度真剣に考え始めたことによって、実存主義の考え方と自分のこれまでの生き方を比べ始めたことによるのでしょう。人間の真実存在を追究することによって、実存主義は「かけがえのない自分」という考え方を導き出しました。しかし、私のこれまでの生き方を考えると、私にとって「かけがえのない存在」は自分よりもむしろ他者、すなわち「かけがえのない他者」だった。そして、私にとって重要なのは、実存の意味の不確かさに対する不安よりも、その「かけがえのない他者」を思いやる心だった。

私は常に現実存在としての自分自身を起点として考えます。したがって私は常に実存主義的発想に立って考えるのですが、しかし人間の真実存在追究に対する私の思いは、他の実存主義者と比べればたぶんそれほど強いものとは言えないでしょう。もちろん私もある時期までは私にとっての人間の真実存在について真剣に考えました（もっとも実存主義の使う言葉ではなく、私の言葉でですが……）。しかし、ある時期に、そのような考え方は、それがあまりに強すぎるとかえって自分を縛り、苦しめることに気づいたのです。そのような考え方は、実際の自分自身とはかけ離れた自分を追究させる可能性があるからですが、そのため私はその後は、人間はかく生きるべきだというような考え方をやめ、自分を動かす私の心にしたがって生きるようになったのです。

そこで私は、その後は私の心の中の何が私を動かすのかを常に見つめながら生きてきたのですが[11]、数年前に私を最も強く、そして最も長く動かしてきたものが子どもの頃私の心に宿った日本国民の戦後の「感覚」であることに気づきました。だからこそ私はその日本国民の「感覚」に言葉（ロゴス）を与えるために人の考えないことを考え続けてきたのかとその時に思ったのですが、しかし実存主義について考え始めたことによって、今度は私を強く、長く動かしてきたものの中に「かけがえのない他者」を思いやる心があることにも気づいたのです。そして、それは私という実存にとっては、実存の意味の不確かさに対する不安から逃れたいとか、克服したいとかという気持ちよりはるかに強い。

一つだけ私の経験を述べたいと思います。それはもう三〇年近く前にＮＨＫニュースで見た中国残留孤児の話とその時の私の自分の子どもを思いやる心に関してです。

その時テレビに映し出された残留孤児（女性）の父親は満鉄関係の人間らしいということでした。彼女が中国に残されたのは、ソ連軍が侵入してくる日の前日のことで、その日彼女は知らない畑の側で両親に食べ物を取ってくるようにと言われたというのです。そのため彼女は畑の中に食べ物を取りに行ったのですが、戻ってくると両親がいなかった。仕方なく彼女はその畑の側で泣きながら両親が戻るのを待っていたのですが、辺りはもう暗くなってしまいました。そこで彼女は大声で泣き叫び続けるより仕方なかったのですが、その時に彼女は中国人から話しかけられ、そして彼女はその中国人に引き取られ、育てられたと言うのです。

当時私は、知らない土地で私の子どもを車に置いて道を聞きに行き、子どもに泣かれたことがありました。最初の子どもでまだその子のおしめがとれていない頃だったのですが、そのこともあったせいかこの残留孤児の話には、それまでなかったほどに胸が締め付けられる思いがしました。私の子どもは、私がほんの少し車を離れただけであれほど泣いたのです。ところが、この残留孤児は、いくら泣いても親は戻ってこず、そして彼女は知らない土地で知らない人間に育てられたのです。

ところがその時私は、すぐにこの残留孤児の両親のことを考えました。幼い子どもを置き去りにして自分たちだけが助かろうとする親がいるはずはないと思ったからですが、その時私の頭をよぎったのは、もしかするとこの両親はソ連軍の進入を知っていて、自分たちは殺されると考えていたのではないかということでした。だからこそ、この両親は子どもを助けるためにわざと子どもを置き去りにしたのではないか。そしてこの両親は、子どもが泣きながら自分たちを捜しているのを、涙を流しながら隠れて見ていたのではないか。そう考えると私の涙は止まらなくなったのです。

このニュースを見た後、私はもう残留孤児のニュースを見ることができなくなってしまいました。残留孤児のニュースを見ると、このニュースの残留孤児とその両親のことを考えて涙が止まらなくなるからですが、つまり、私の言う「かけがえのない他者」とはこの両親から見た残留孤児のような他者を意味するのです。そして私にとっての「かけがえのない他者」はその時の私の子どもです。だからこそ、その後私はこの話を思い出す度に、私の子どもが再びこの残留孤児のような思いをしなくてもいいような世の中を作るために、あるべき社会のあり方の論理を追究し続けたのであり、それが今まで続いているのです。

「かけがえのない存在」は自分自身ではなく、むしろ「かけがえのない他者」だ。そして、「かけがえのない他者」を思いやる自己の心は、実存の意味の不確かさに対する不安から逃れたいという自己の気持ちよりはるかに強い。——しかし、このことは私ばかりでなく、他のほとんどの人もそうではないでしょうか。

もしそうであれば、実存主義は実存の意味の不確かさに対して不安を抱く自己の問題とともに、「かけがえのない他者」を思いやる自己の問題も哲学的思惟の中心に据えなくてはならなくなります。そして、もし実存主義に「かけがえのない他者」を思いやる自己という問題意識があれば、社会哲学は当然生まれていたはずだと私には思えるのです。「かけがえのない他者」のことを思えば、その「かけがえのない他者」に苦しみを与えない社会とか、幸せにする社会とかいう考え方が生まれないはずがないと考えるからですが、しかし、これまでの実存主義にはそのような発想が欠如していた。そこでこれまでの実存主義には社会哲学が存在しなかった、そのように考えられるのではないでしょうか。したがって、もし実存主義がこのような考え方を取り入れれば、社会哲学を持てる。

「かけがえのない他者」を思いやる自己と「人間を起点とする社会哲学」

「かけがえのない他者」とか「かけがえのない他者」を思いやる自己とかいうようなことを考え始めて気がついたことがあります。それは、「人間を起点とする社会哲学」の根底にはこの「かけがえのない他者」を思いやる自己という考え方が存在し、そしてその「かけがえのない他者」を思いやる自己の問題を社会哲学の中で考え、それを普遍原理化した結果「人間を起点とする社会哲学」が生まれたということです。

このことに気づいた理由は、一つには日本国民の戦後の「感覚」の根底にはこの「かけがえのない他者」を思いやる心の問題が存在していたと考えられるからです。日本国民の戦後の「感覚」は、戦争体験者が彼らにとっての「かけがえのない他者」をあまりにも多く失った結果生まれたものです。当然のことながら、彼らが失った親や子どもや親友や恋人などは、死傷者数何人のうちの一人といった言葉で括られてしまうような存在では決してありません。彼らが失った人々は、彼らにとって言葉の真の意味での「かけがえのない存在」だったのであり、そこで彼らが戦後生まれの私たちに語った話のうち、聞いている私たちの心に最も深く残ったのは、彼らが失った「かけがえのない他者」の話だったのです。

「人間を起点とする社会哲学」における人間の尊厳や基本的人権の考え方が私自身の尊厳性や権利のことを考えて生まれたものではないということも、そのことに気づいた理由の一つです。もちろん人間の尊厳とか基本的人権というような概念は、それが普遍原理化されれば、当然私自身の尊厳性や権利の問題となります。しかしそれはあくまでも結果であり、私はその結果のことを考えて「人間を起点とする社会哲学」について考え始めたのではありません。

しかし、このことに気づいた最大の理由は、「人間を起点とする社会哲学」における人間の尊厳や基本的人権の概念と「かけがえのない他者」を思いやる自己の考え方とが論理的に直結していることが分かったからです。「人間を起点とする社会哲学」は人間の尊厳を「公理」とし、そこから演繹して人権革命や「平和のための革命」や民主主義の発展などの論理を追究します。もちろん、社会哲学における論理（ロゴス）追究という観点から考えれば、「人間を起点とする社会哲学」の論理はそれだけで完結しているのですが、しかし、それは実存主義的発想から生まれる「かけがえのない他者」を思いやる自己の考え方と直結している。

そこで、ここで「かけがえのない他者」を思いやる自己の考え方と「人間を起点とする社会哲学」がどのように結びついているかを確認しておきたいと思うのですが、「かけがえのない他者」を思いやる自己の問題は社会哲学の中で考えられなければなりません。「かけがえのない他者」は私にとっての「かけがえのない存在」です。したがって私はその他者を当然「かけがえのない存在」として扱うのですが、しかし、それは個人哲学の問題であり、問題なのは他の人間の対応の仕方です。つまり、私にとっての「かけがえのない他者」を他の人間も「かけがえのない存在」として扱ってくれるかどうかということが問題なのですが、そして、当然のことながら、他の人間も「かけがえのない他者」を思いやっています。したがって、他の人間の「かけがえのない他者」の問題も考えなくてはならなくなるのですが、そうなると、この問題は個人哲学の問題にはおさまらなくなります。

そこで、この問題は社会哲学の中で考えられなくてはならなくなるのですが、「かけがえのない他者」を思いやる自己の心は、「自分にとっての『かけがえのない他者』は他の人間からも『かけがえのない存在』として扱われてほしい」と願う心と言い換えることができるでしょう。これは社会哲学の中で考えるために「かけがえのない他者」を主語にしたものですが、しかし社会哲学の中で考える以上、この問題は次に普遍原理化されなくてはなりません。他の人間も「かけがえのない他者」を思いやっており、そして人間は、自分にとっての「かけがえのない他者」のみを思いやることで、他の人間や他の人間にとっての「かけがえのない他者」の苦しみを踏み台にする可能性があるからです。そしてこの場合、特に特権身分や大金持ちは下層階級や貧乏人の苦しみを踏み台にして、自分にとっての「かけがえのない他者」の特権を維持・拡大しようとする可能性が高いでしょう。

それではこの問題をどのように普遍原理化するか。——それは数学における極限値の考え方と同じ考え方をすればいいでしょう。自分にとっての「かけがえのない他者」を次々に増やしていき、究極的にはそれを無限に増やしていく。そしてそれを他の人間も行う。そうすれば、究極的にはすべての人間が「かけがえのない存在」になるのですが、しかしこの場合、「かけがえのない他者」の「他者」はもう「他者」ではありません。普遍原理化されたことによってその「他者」はもう普遍的概念としての「人間」になっているからですが、そうである以上、「かけがえのない」という言葉も社会哲学における普遍的な言葉に置き換えた方がいいでしょう。そしてこの場合、その言葉はたぶん人間社会における最高価値を表す「尊厳なる」という言葉になると思うのですが、そうなると「自分にとっての『かけがえのない他者』は他の人間からも『かけがえのない存在』として扱われてほしい」と願う心は、「人間を起点とする社会哲学」における「人間は、その人間社会において『尊厳』なる存在として扱われなくてはならない」という当為の命題に直結します。

そしてそれはさらに、「その当為の命題が大多数の人間によって承認されるとしたら、人間の尊厳は『公理』として承認されなくてはならない」という論理につながります。つまり、「かけがえのない他者」を思いやる自己の心は、それを社会哲学の中で考え、普遍原理化すると、「公理」としての人間の尊厳に直接つながるのです。

次に、「『かけがえのない他者』が他の人間からも『かけがえのない存在』として扱われてほしい」と願う心の内容の問題を考えてみたいと思います。つまり「かけがえのない他者」がどのように扱われてほしいか・扱われてほしくないかの内容についてですが、たぶんこの問題を普遍原理化する際にも、自分にとっての「かけがえのない他者」を無限に増やしていくという考え方は有効でしょう。「かけがえのない他者」の数が増えれば、その「かけがえのない他者」がどのように扱われてほしいか・扱われてほしくないかの内容も拡大していくからですが、しかしこの問題を考える場合は、「かけがえのない他者」の数を増やすのではなく、自分にとっての「かけがえのない他者」が遭遇するかもしれない場面を次々に増やしていくという考え方もあるでしょう。「かけがえのない他者」がこのような場面に遭遇した場合、「かけがえのない他者」があのような場面に立たされた場合……。そしてこの考え方の場合には、その想定される場面を歴史の中や映画のシーンの中に拡大することも可能です。「かけがえのない他者」が古代の奴隷や中世の農奴の立場に置かれたとしたら、「かけがえのない他者」がナチスの収容所に入れられているとしたら、「かけがえのない他者」が中国残留孤児の置かれた場面に立たされたとしたら……。そして、そのような思考方法をすべての人間が行う。

そうすれば、たぶん「かけがえのない他者」が他の人間から保障してほしいと願う最低限度の生活内容が抽出されることになるでしょう。何はともあれ生命が保障されるように、自由に生きることが許されるように、ひもじい思いをしなくても済むように、差別されないように……。そうなるとそれは「人間を起点とする社会哲学」における「人間の生活のうち、人間の尊厳を実現していく上で他の生活の土台あるいは核心となっている生活」（基本的生活）に直接結びつくことになるでしょう。そして、それはさらに「人間の基本的生活を維持するために必要不可欠な社会的条件」に関して人間が持っている権利（基本的人権の定義）につながります。

つまり、「かけがえのない他者」がどのように扱われてほしいか・扱われてほしくないかの内容は、それが普遍原理化されることによって「人間を起点とする社会哲学」における基本的人権の考え方に直接結びついているのです。そして、それはさらに基本的人権の普遍化の問題につながります。だからこそ、基本的人権は、人間の尊厳が人間生活のあらゆる生活領域およびあらゆる人間関係の中で侵されなくなる程度にまで普遍化されなくてはならなくなるのです。

実存主義的発想から生まれた「かけがえのない他者」を思いやる自己の考え方と「人間を起点とする社会哲学」は直結しているのです。したがって、「人間を起点とする社会哲学」の根底には「かけがえのない他者」を思いやる自己という考え方が存在する。

このことに関連して、ここで二つのことを確認しておきたいと思います。一つは、基本的人権の根拠に関してです。「人間を起点とする社会哲学」は、基本的人権が神や自然法によって根拠づけられるものではないことを「公理」としての人間の尊厳から論じています。基本的人権の根拠を神や自然法に置くと、その神や自然法によって与えられた基本的人権の内容が固定化されてしまい、人権概念の拡大が不可能になってしまうからですが、しかし、「人間を起点とする社会哲学」の根底に実存主義的発想から生まれた「かけがえのない他者」を思いやる自己という考え方が存在するとなると、そのような考え方は、さらに実存主義的立場から批判されることになります。

つまりそれは、基本的人権は現実存在としての人間（実存）からかけ離れた存在である神とか自然法とかといったものによって与えられたものではないということです。そのような発想は本質存在を起点とする発想です。しかし、実存主義的発想に立って考えれば、基本的人権は、現実存在としての人間が「かけがえのない他者」を思いやる心を普遍的原理化することによって生まれるのです。したがってそれは、「かけがえのない他者」の社会的苦しみがなくならないかぎり、新しく生まれて来ざるをえないものなのであり、そこで私たちは、これからも「かけがえのない他者」を思って次々に「新しい人権」を生み出し、それを獲得して行かなくてはならないのです。

確認しておきたいことのもう一つは、「公理」としての人間に関してです。「人間を起点とする社会哲学」においては、「人間は、その人間社会において『尊厳』なる存在として扱われなくてはならない」という当為の命題が大多数の人間によって承認されれば、人間の尊厳は「公理」と見なされます。ということは、「かけがえのない他者」を思いやる自己の考え方からすれば、大多数の人間が自分にとっての「かけがえのない他者」の数を次々に増やしていくという考え方をした場合は人間の尊厳は「公理」になり、そうでない場合はならないということになります。

そしてそのことは、人間の尊厳という考え方が人間の歴史の中で生まれ、広がってきたものであることを示すとともに、現在の世界に人間の尊厳がまだ「公理」とされていないかのような状況が存在するのは、「かけがえのない他者」を少数の人間に限定しようとしている人間がいることを意味します。封建的支配関係が残っている地域における特権身分、貧困に苦しむ人間がいることをまったく意に介さない大金持ち、マイノリティを差別するマジョリティ、自らの民族のことしか考えようとしないナショナリスト……。したがって、私たちはそのような人間と対決して、さらに歴史を推し進めていく必要があるのです。

実存主義的発想から生まれる社会像

実存主義の最大の欠点は社会哲学を持たないことにあり、その最大の理由は、実存主義には「かけがえのない他者」を思いやる自己という考え方が欠如していることにある。そして、「人間を起点とする社会哲学」の根底には、実存主義的発想から生まれたそのような考え方が存在する。――ということは、実存主義はその欠けている部分を「人間を起点とする社会哲学」によって補完されなくてはならないということを意味するでしょう。したがって、実存主義は少なくとも「かけがえのない他者」を思いやる自己という考え方、およびそこから生まれる人間の尊厳や基本的人権などに関係する部分については、「人間を起点とする社会哲学」によって補完されなくてはなりません。

いや、実存主義は、たぶん社会哲学の部分すべてを「人間を起点とする社会哲学」によって補完されなくてはならないのです。それは、実存主義は自らの社会像・国家像を持たなくてはならないはずだからであり、そして実存主義が必要としている社会像・国家像は、たぶん「人間を起点とする社会哲学」が提起するそれだからです。

キルケゴールは、ヘーゲルの理性の哲学大系の中に「かけがえのない私」が存在しないと考えて、現実存在としての自己を哲学的思惟の中心に据えました。しかし、その社会像・国家像に関してはそれを特に問題視することなく、結果的にはその社会像・国家像を受け入れた形で人間の真実存在を追究しました。そのため、そこには実存主義的発想と従来の社会像・国家像が併存するという状況が生まれたのですが、しかしそのことは、結局は実存主義を不完全な哲学に押し留めてしまうという結果をもたらしました。なぜなら、人倫国家の考え方に端的に示されるように、ヘーゲルの哲学大系は全体主義的社会像・国家像を表したものであり、その全体主義的社会像・国家像が実存の主体性を抑圧するからです。

本質存在を起点とする発想が必然的に全体主義的社会像・国家像を生み出すとは私には思えないのですが、しかしヘーゲルの提示する社会像・国家像は、確実に全体主義国家を生み出します。人間を完全に包摂し、価値的に人間に優位する社会・国家の考え方だからですが、したがって、もし実存主義者が反国家的考え方に基づいて「真の自己」を追究しようとした場合には、国家はそのような実存主義者の主体性を決して許しはしないでしょう。権力者がそのような実存主義者を抑圧することは確実ですし、またヘーゲル哲学に心酔しきった人々は、人倫国家のために尽くさない実存主義者をたぶん国家の異分子として攻撃するのではないでしょうか。――つまり、ヘーゲルを否定するということは、その理性の哲学大系を否定するばかりでなく、社会像・国家像をも否定しなければならないのであり、したがって、たとえキルケゴールがヘーゲル哲学に反発したとしても、自らの社会像を提示できなければ、ヘーゲル哲学を否定したことにはならないのです。

実存主義的発想と従来の社会像・国家像の併存はキルケゴールの後継者にも受け継がれました。だからこそ、ハイデッガーは実存主義者であると同時にナチス党員だったのであり（ただし、ハイデッガーは自らが実存主義者と呼ばれることを認めてはいなかったのですが……）、またサルトルは実存主義者であるにもかかわらず、マルクス主義の持つ全体主義的性格を結局は見破れなかった、そう考えられるのではないでしょうか。

もちろん、実存主義はこれまでの社会像を転換させる可能性を持ちます。実存主義は現実存在としての人間を起点とする発想だからですが、しかしこれまでの実存主義は、結局はそのことを行わなかった。――ところが、「人間を起点とする社会哲学」の提示する社会像・国家像は、まさに実存主義者が必要とするそれだと考えられるのです。

「人間を起点とする社会哲学」は、二人以上の人間の間に何らかの関係が存在している場合、その「人間相互の関係によって成立する共通の生活領域」を社会と考えます。したがって、人間は日々刻々様々な社会を形成し、同時に多くの社会の成員となってそれぞれの社会生活を営むのですが、「人間を起点とする社会哲学」の考え方は、民族や国家などの社会が先にあって人間がその社会に属するというものではありません。まず人間がいて、そこから社会を考えるという発想に立っているからですが、したがってそれは、まさに現実存在としての人間（実存）を起点とする社会像を表していると考えられるのです。

「人間を起点とする社会哲学」が捉える社会と社会生活の図をご覧下さい（四四、四五頁の資料①のⅠ～Ⅴ図）。ご覧になってお分かりのように、その図における社会には、どの社会においても個人生活の領域が存在します。そのため「人間を起点とする社会哲学」においては、人間の生活

(Ⅳ図)
重層的社会

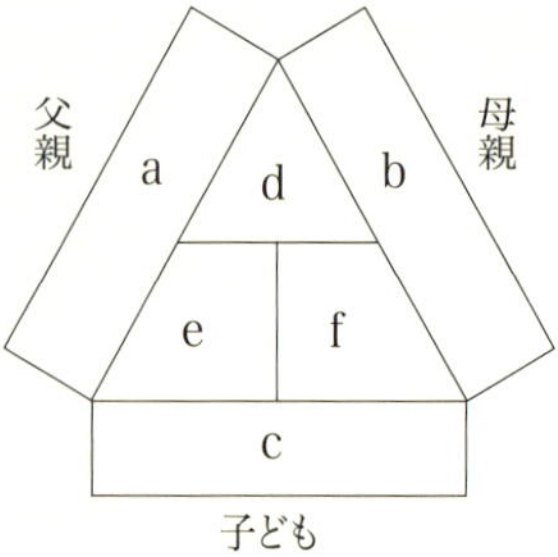

d. e. f　家族という関係で成立する社会
a　　　家族という社会に対する父親の個人生活の領域
b　　　家族という社会に対する母親の個人生活の領域
c　　　家族という社会に対する子どもの個人生活の領域
d　　　夫婦という関係で成立する社会
a. e　　夫婦という社会に対する夫の個人生活の領域
b. f　　夫婦という社会に対する妻の個人生活の領域
e. f　　親子という関係で成立する社会
a. d　　親子という社会に対する父親の個人生活の領域
b. d　　親子という社会に対する母親の個人生活の領域
c　　　親子という社会に対する子どもの個人生活の領域
e　　　父親と子どもという関係で成立する社会
a. d　　父親と子どもという社会に対する父親の個人生活の領域
c. f　　父親と子どもという社会に対する子どもの個人生活の領域
f　　　母親と子どもという社会で成立する社会
b. d　　母親と子どもという社会に対する母親の個人生活の領域
c. e　　母親と子どもという社会に対する子どもの個人生活の領域

(Ⅴ図)
複合的社会

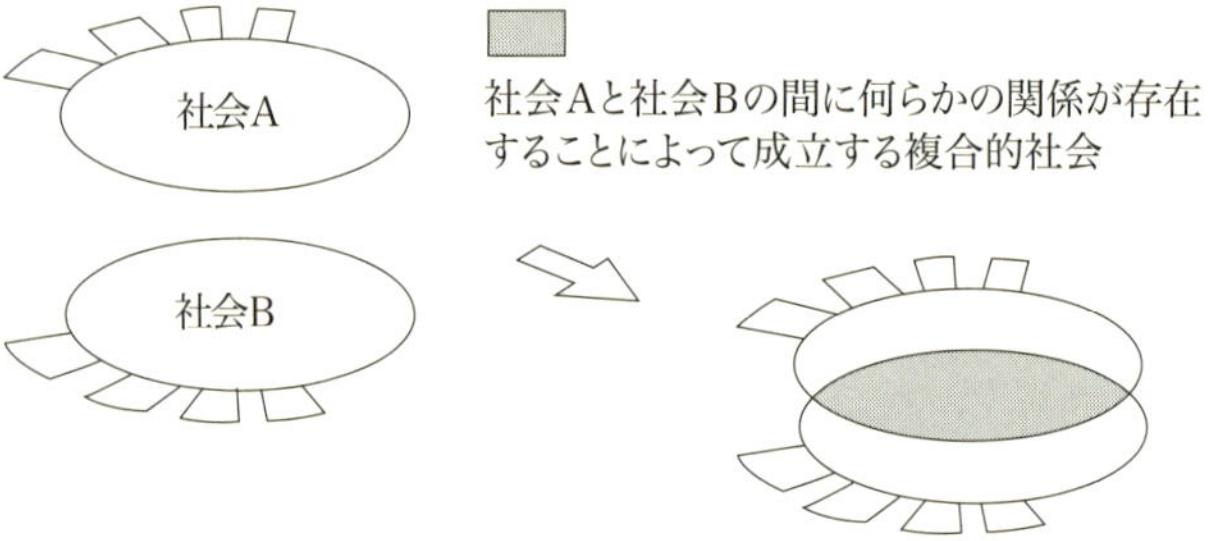

〔資料①〕　社会と社会生活

（社会の定義）　２人以上の人間の間に何らかの関係が存在している場合、
その「人間相互の関係によって成立する共通の生活領域」

（Ⅰ図）

２人の個人で
成立する社会。

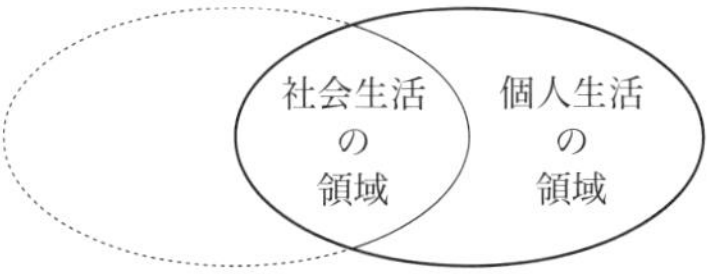

（Ⅱ図）

３人以上の成員で
成立する社会。

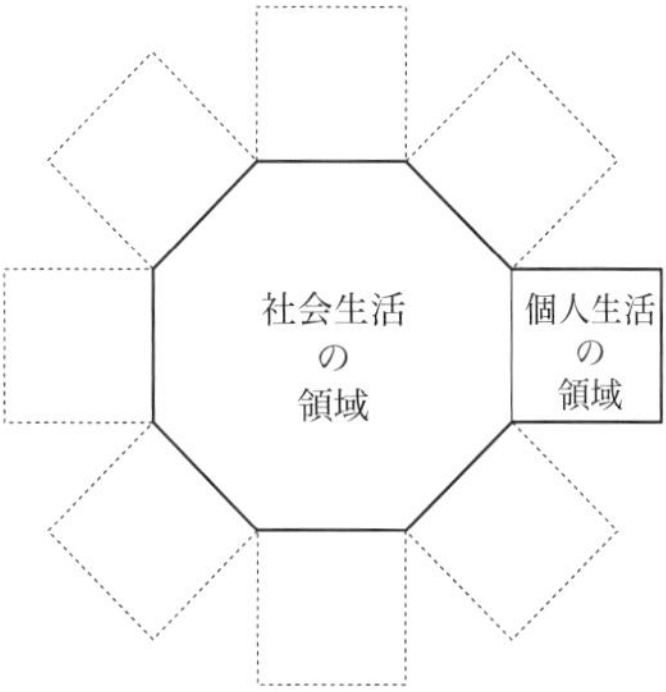

（Ⅲ図）　１人の人間が複数の社会の構成員になっている社会

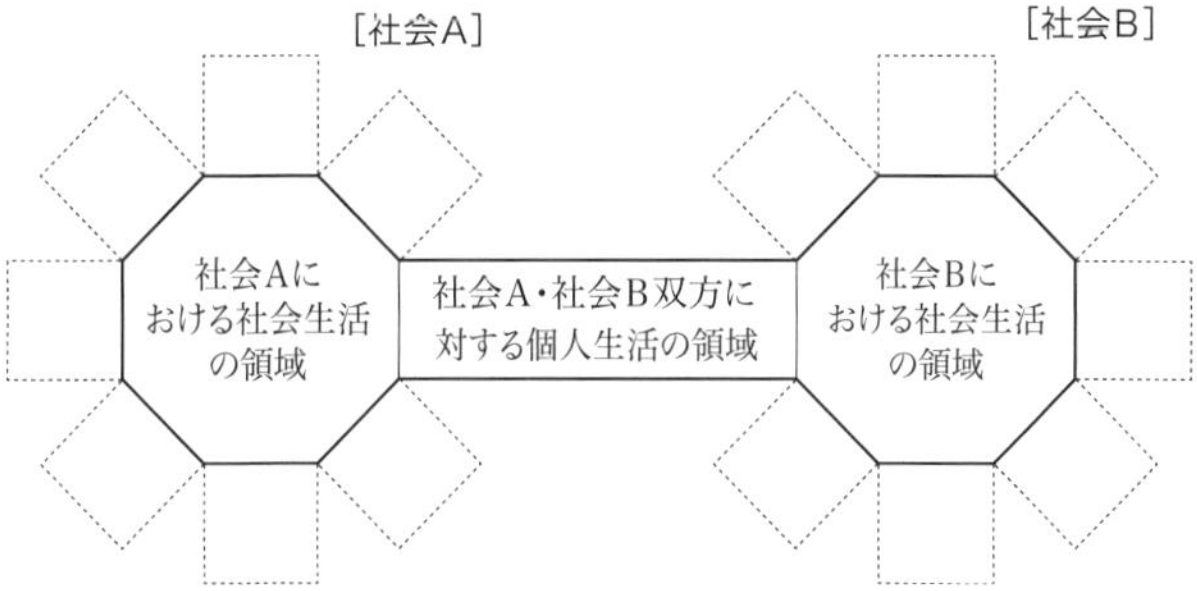

社会Aに対する個人生活の領域　社会A・社会B双方に対する個人生活の領域
＋社会Bにおける社会生活の領域
社会Bに対する個人生活の領域　社会A・社会B双方に対する個人生活の領域
＋社会Aにおける社会生活の領域

領域すべてをおおった社会というものは存在しないのですが、そこで「人間を起点とする社会哲学」においては、人間に優位する全体社会という考え方は否定されるのです。また一人の人間が同時に複数の社会を形成するということも、やはり人間にとってあらかじめ価値的に優位する社会は存在しないことを表しています。人間にとって、国家や民族は自らが属する社会の中の一つでしかありません。そしてどの社会が重要であるかは、個々人の判断に委ねられるのです。

「人間を起点とする社会哲学」は、人権保障の役割を担うものは本来社会であると考え、国家を「その目的からすればそれぞれの社会における人権保障の役割を補い、その実効性を高めることを主たる目的として組織された社会」と捉えます。そして国家が効率的に保障することのできない人権保障のために国家に委託されている社会的権限の再配分を考えるのですが、したがってその提起する社会像・国家像は、現実存在としての自分自身（あるいは現実存在としての「かけがえのない他者」）の基本的人権を保障する社会像・国家像です。

そしてそれは、同時に実存主義者がその主体性を発揮できる環境を保障する社会・国家像でもあります。現実存在としての自分自身の権利の中には、当然のことながら実存主義者が主体性を発揮する権利も含まれるからですが、「人間を起点とする社会哲学」の提起する社会像・国家像のもとならば、実存主義者は人間の真実存在を求めて十分その主体性を発揮できます。だからこそ、「人間を起点とする社会哲学」が提起する社会像・国家像は実存主義者の必要とするそれだと考えることができるのです。そして、だからこそ、実存主義は「人間を起点とする社会哲学」

を自らの哲学の中に取り入れたものにまで拡大されなくてはならないのであり、これまでの実存主義と「人間を起点とする社会哲学」は統合されて、新たに実存主義という一つの哲学にならなくてはならないのです。

これからの実存主義の役割と実存主義者の社会参加

もしそうであれば、これからの実存主義は個人哲学と社会哲学の二つの領域を持った哲学となり、合わせて実存主義ということになります。しかも、それは個人哲学と社会哲学を分離し、かつその両者を含んだ哲学です。そのためこれからの実存主義は、実存、すなわち現実存在としての自分自身を起点として発想する哲学という前提のもとに、個人哲学に関する領域で、主に人間の真実存在の追究を行い、社会哲学に関する領域で、主に人間にとっての理想社会や社会変革を追究することになります。

ここで確認しておきたいことは、これからの実存主義は社会変革の主要な担い手になり、人間社会における理想と歴史的進歩を担うということです。二〇世紀に変革の哲学の役割を担っていたのは、主にマルクス主義哲学でした。「人間を起点とする社会哲学」とマルクス主義哲学との関係に関しては近日中にまとめる予定ですが[12]、しかしマルクス主義哲学は、ヘーゲル哲学の全体主義的思考方法を受け継いでいます。国家あるいは民族至上型の全体主義ではなく、労働者階級至上型の全体主義ですが、またマルクス主義哲学は、本質存在を起点とする発想という意味においても、ヘーゲル哲学を受け継いでいます。「理性的人間」ではなく、「労働する人間」を起点とした発想ですが、だからこそ、それは労働しない人間と見なされる人間を抑圧し、さらには労働する人間をも抑圧する社会主義国家をもたらしてしまったのです。——しかし、これからは社会哲学を含んだ新たな実存主義が変革の主要な担い手となる。

また実存主義者の社会参加に関しても、ここで確認しておきたいと思います。これまで実存主義者の社会参加を唱えたのは主にサルトルです。アンガージュマンの考え方ですが、しかしサルトルの社会参加は「みずからを選ぶことによって全人類を選択する（＝アンガジェする・拘束する）責任」を引き受ける人間による社会参加です。そのためそこには強すぎる倫理的要求が存在するのですが、しかしたぶんそれは、人間の真実存在追究に対する強すぎるこだわりから生まれたものでしょう。

これからの実存主義者に求められる社会参加は、「かけがえのない他者」を思いやる自己という考え方に基づいた社会参加です。したがって社会参加は、人々がただ「かけがえのない他者」を思いやることから始まるのです。人々は日常生活の中で「かけがえのない他者」を思いやる。そして人々はその際に、その「かけがえのない他者」の社会的苦しみからの解放を人間の尊厳や基本的人権の問題として考えるのです。この「かけがえのない他者」がこうむっている社会的苦しみは人間の尊厳の問題ではないのか。この「かけがえのない他者」がこうむっている社会的苦しみからの解放は基本的人権の問題ではないのか。

そして、その「かけがえのない他者」のこうむっている社会的苦しみがまだ基本的人権として認められていなければ、それを「新しい人権」として要求するのです。そして、社会契約を求める。社会契約が結ばれない場合は、人権革命運動を起こし、その人権革命運動を社会契約が結ばれるまで続ける（もちろん、ある人間が自分自身の権利獲得のために社会参加を行い、人権革命運動を行うことも当然ありうるのですが……）。

実存主義は、現実存在としての自分自身を起点とした発想を行うことによって、自分自身の生き方を自らが決定していくという主体的人間を生み出しました。しかし、新しい実存主義は、現実存在としての自分自身を起点とした自らの社会像・国家像を提起することによって、今度は社会のあるべきあり方を自らの主体性を通じて決定していくのです。自分にとっての「かけがえのない他者」が「かけがえのない存在」として扱われるような社会を作り上げていくために。すべての人間が「かけがえのない存在」として扱われる社会を目指して。したがって、実存主義者の主体性は、単に自らのあるべき生き方を求めるためにだけではなく、あるべき社会を作り出していくためにも発揮されなくてはならないのです。

一つだけ付け加えておきたいと思います。先ほど実存主義者が他者の行動や生活を判断し批判する根拠は社会哲学に委ねられると述べました。これまでの実存主義と「人間を起点とする社会哲学」が結びついて実存主義という一つの哲学になったということは、すべての人間が「かけがえのない存在」になったということを意味します。社会哲学を含んだ新たな実存主義においては、すべての人間が尊厳なる存在として扱われなくてはならなくなるからですが、そうなると、他者の行動や生活を判断し批判する根拠は、他者の人間の尊厳を侵すかどうかということになります。他者の人間の尊厳を侵すことは許されない。しかし、他者の人間の尊厳を侵さないかぎり、それぞれの人間はそれぞれの行動や生活を行うことが許される。したがって、それぞれの人間は、その許される範囲の中で、それぞれに「真の自己」を追究すればそれでいいということになるのです。[13]

註

（1）より正確に言えば、階級型全体主義社会に関しては、人類はロシア革命が起こった時からすでに経験していたと言えるでしょう。そして、第二次世界大戦後に人々はそのことに気がついたのですが、それ以前に人々が気がつかなかった理由は、帝政ロシアを打倒したソ連が全体主義国であるはずがないという社会主義国に対する思い入れと、ソ連が全体主義国家であったがゆえに情報が広まらなかったからだと考えられます。このことに関しては、本書の第2章を参照。

（2）戦争および「戦争ができる国家」に関する私の考察に関しては、拙著『国家は戦争をおこなっていいのだろうか』（すずさわ書店、一九九二年）や拙著『「日本国民発」の平和学――戦争を否定する根拠は何か』（明石書店、二〇〇七年）、その他を参照。また全体主義に関する私の考察に関しては、拙著『右傾化に打ち克つ新たな思想――人間の尊厳に立脚した民主主義の発展を』（明石書店、二〇一四年）、三八～六四頁および本書の第2章を参照。

（3）改憲か護憲かの問題に関して言うならば、私は現憲法を未来につらなる憲法に改正すべきだと考えています。そのため私は、憲法の根底に存在する論理を追究せずに護憲を謳うこれまでの護憲論の主張に安易に同調することはできないのですが、このことに関しては拙著『自分で書こう！　日本国憲法改正案』（明石書店、二〇〇四年）や拙著『日本生まれの「正義論」――サンデル「正義論」に欠けているもの』（明石書店、二〇一一年、一一三〜一一七頁）、その他を参照。

（4）安全保障関連法成立前の数カ月間、日本国民における抗議行動にかなりの高揚が見られました。そして、国会周辺における「金曜デモ」を主催した若い世代や子どもの将来を心配する若い主婦などに今後の希望が託されたのですが、しかし自民党の一極支配という「安全保障関連法案」が提出されることが可能になるような状況を生み出したのはやはり日本国民であり、そして若い世代や若い主婦たちもその責任の一端を担っています。したがって、日本国民が現在の右傾化の流れをくい止め、さらには戦後日本を新たな方向に導けるかどうかは、今後日本国民がどのような論理や思想に基づいて、どのような行動をとるかにかかっていると言えるでしょう。このことについては、関連してですが、拙著『日本人は「脱原発」ができるのか――原発と資本主義と民主主義』（明石書店、二〇一二年）参照。

（5）これまでの私の著作や論考は、その本の題名や論文のテーマにしたがって「人間を起点とする社会哲学」を別々の角度から述べたものです。しかし、前掲『右傾化に打ち克つ新たな思想』、第3章「人間を起点とする社会哲学」（六五〜一〇四頁）は、私の考え方の全体像を明確にしつつ、その中で私の意図を示そうとしたものであり、そのため短時間で「人間を起点とする社会哲学」の意図を知りたい人は、それを参照にしていただければと思います。

（6）確かに私は、これまでの著作の中では私自身の個人哲学に関する部分はほとんど述べてはいません。しかし私の思考方法やこれまでの生き方と「人間を起点とする社会哲学」の考え方は密接に関連しているということから、二〇一四年にある場所で多少であってもそのことを述べる機会があり、それを文章化したのが拙論「講演録・人間を起点とする社会哲学――その成立と背景」です（本書の第4章）。

（7）ヘーゲル著、藤野渉・赤澤正敏訳『法の哲学』（『世界の名著35　ヘーゲル』中央公論社、一九七六年）、一六九頁。

（8）キルケゴール「一八三五年八月一日の手記」（『世界の名著40　キルケゴール』中央公論社、一九七六年所収、桝田啓三郎著「キルケゴールの生涯と著作活動」）、二〇頁より再引用。

（9）サルトル著、伊吹武彦訳『実存主義とは何か――実存主義はヒューマニズムである』人文書院、一九六六年、二一～二二頁。

（10）人間の不安の原因に関する「人間を起点とする社会哲学」の考え方に関しては、前掲『右傾化に打ち克つ新たな思想』、九九～一〇四頁を参照

（11）このことについては、前掲「講演録・人間を起点とする社会哲学――その成立の背景と特徴」（本書の第4章）を参照。

（12）実存主義の哲学的拡大（「人間を起点とする社会哲学」と実存主義の結合）という大きすぎるテーマを設定した以上、私自身としては、今後「人間を起点とする社会哲学」に関係するすべての現代哲学について真剣に考えなくてはならないと思っています。そして、少なくともマルクス主義哲学と「人間を起点とする社会哲学」の関係に関する考察なしには、本論考は完結しないと考えています（そのマルクス主義哲学と「人間を起点とする社会哲学」との関係を考察した結果生まれたのが、本書の第2章と第3章です）。

（13）現在ヨーロッパにおいては価値基準の動揺が見られ、その結果ヨーロッパ哲学は相対主義に陥っています。そして、他者の行動や生活を判断し批判する根拠を他者の尊厳を侵さないかどうかにおくということは、新たな実存主義が社会哲学の領域においては、人間の尊厳を侵す相対主義に歯止めをかける役割を果たそうとしていることを意味します。そしてそのことは同時に、個人哲学の領域においては相対主義を徹底すること

によって、新たな実存主義が多様な価値観に基づく多様な社会を目指していることをも意味します。このことに関しては、前掲「講演録・人間を起点とする社会哲学――その成立の背景と特徴」（本章の第４章）を参照していただければと思います。

第2章　全体主義の思想と新しい実存主義
――マルクス主義哲学はどうして全体主義社会をもたらしてしまったのか

（1）全体主義の思想が持つ一般的論理構造

社会主義国型全体主義をもたらしたのは誰か

第1章（上智人間学会『紀要45号』応募のために書いた私の論考）において私は、「人間を起点とする社会哲学」と結合した新しい実存主義がこれからの変革の主たる担い手になると主張し、そしてその註の中で（註12参照）、二〇世紀の変革の主たる担い手であったマルクス主義哲学を扱わないかぎり、この論考は完結しないと述べました。

そこで、この第2章ではマルクス主義哲学を扱うのですが、マルクス主義哲学は労働者階級の解放を通じて人間の解放を謳うがゆえに、かつては全世界において膨大な数の支持者を獲得しました。そのため、そのマルクス主義哲学に基づく社会主義国がレーニンの指導したロシア革命によって一九一七年に誕生し、そして一九二二年には、そのロシアとウクライナ、ベラルーシ、ザカフカースを原加盟国とするソビエト社会主義連邦共和国（ソ連）が成立しました。そこで現実の社会主義国におけるマルクス主義は、通常マルクス・レーニン主義（共産主義）と呼ばれるのですが、そのマルクス・レーニン主義に基づく社会主義国は、第二次世界大戦後に東欧諸国、中国、北朝鮮、北ベトナムなどに広がり、さらに一九六一年には中南米のキューバにも広がりました。

マルクス主義哲学は、資本主義社会に比して社会主義社会が質的に、より進歩した社会であると主張します。そのため、民主主義の発展とか基本的人権の拡大とかの問題に関しても多くの人々に希望を与えたのですが、そこで多くの人々は、現実の社会主義国においてもその社会体制の中にすでにその進歩の過程が進行していると期待しました。そして、そのような考え方は、その支持する度合いにおいて多少の強弱はあったものの、革新勢力に属する人間のほとんどがマルクス主義に傾斜していた第二次世界大戦後の日本において、特に顕著であったように思われます。

ところが、そのような期待は幻想でした。現実の社会主義国に対する期待が幻想であることが初めて事実として確認されたのは、一九五六年に行われたソ連邦第二〇回共産党大会においてフルシチョフが秘密報告を行い、スターリン批判を行った時のことでした。その秘密報告の中でフルシチョフが次のように述べて、スターリン時代の粛清の嵐を暴露したからです。

第一七回党大会で選ばれた党中央委員と、候補の総数百三十九名のうち、九十八名、すなわち七〇%が、逮捕銃殺（たいていは一九三七—三八年に）されたことが明らかとなった（場内に憤激のどよめき）。…（中略）…。中央委員ばかりではなく、第十七回党大会代表の大多数もおなじ運命に遭遇した。票決権または諮問権をもつ代表千九百六十六名のうち千百八名、すなわち、半数よりも遙かに多くが、反革命の犯罪で逮捕された。[1]

このフルシチョフの秘密報告をきっかけにして中ソ論争が巻き起こったのですが、帝国主義国アメリカとの平和共存を唱えるソ連が資本主義社会へと後退することを懸念した一部の人たちは、ソ連を資本主義の復活した社会帝国主義と呼ぶ中国の社会主義に期待しました。一九六六年に毛沢東の指導する中国がプロレタリア文化大革命を開始し、真の社会主義への道を追求する中国を強烈にアピールしていたからですが、しかし中ソ論争は、かつては同盟国であった中国とソ連がこれほど口汚く罵りあえることを示したこと以外には、何ら意味を持つものではありませんでした。文化大革命は社会主義に進展をもたらすようなものではまったくなく、結局は中国指導部内の権力闘争でしかなかったからですが、つまり、文化大革命は、権力闘争に敗れ、修正主義者・走資派と見なされた人間に対する膨大な人権侵害を引き起こした事件でしかなかったのです。

人々が現実の社会主義国に対する期待を口にしなくなったのは、たぶんカンボジアにおけるポル・ポト政権による大量虐殺が知れわたった頃でしょう。スターリンによる粛清、文化大革命による膨大な人権侵害、そしてポル・ポト政権による大量虐殺……。社会主義国は、このようなことを引き起こすのか。これではユダヤ人の大量虐殺を行ったヒトラーのファシズム国家と同じではないか。社会主義国における現実に直面して人々は、ドイツ・イタリア・日本におけるファシズム型全体主義国家とは多少違っても、社会主義国の本質は全体主義国家であり、したがって社会主義国が社会主義国型全体主義国家でしかないことを痛感せずにはいられなかったのです。

一九八九年の民主化革命によって東欧諸国は社会主義陣営から離脱し、社会主義超大国ソ連も一九九一年に消滅してしまいました。また中国においても、少なくともその経済はすでに社会主義経済と言えるものではなく、そして、現在残っているのは、民衆に対する人権侵害を必然とするマルクス・レーニン主義の政治体制のみです。そして金日成（キム・イルソン）、金正日（キム・ジョンイル）、金正恩（キム・ジョンウン）の金一族三代が権力を掌握し続けている北朝鮮の現在は、もはや人々をして現実の社会主義国に対する期待を口にすることすら憚られるような惨状を日々私たちに突きつけています。

現存した（あるいは現存している）社会主義国が理想社会ではなかったことは、現在では誰でもが認めることですが、それでは、社会主義国型全体主義をもたらしたのは誰か。――社会主義国に期待した人々は最初は、社会主義国を全体主義国にしてしまった責任をすべてスターリンに押しつけて済まそうとしました。スターリンが悪かったのだ。スターリンの人間的資質がこのような状況を生み出したのだ。したがってマルクス主義（あるいはマルクス・レーニン主義）が悪いのではない。

そこで、彼らは暫くはそのまま幻想を持ち続けたのですが、ところが、ソ連における人権侵害はすでにレーニンの時代から始まっており、そして、それはスターリン以後も続きました。したがってスターリン時代の粛清の嵐は、ただその人権侵害の度合いがあまりにも大きかっただけにすぎなかったのですが、このことに関しては、『イヴァン・デニソヴィッチの一日』や『収容所群島』などを著した、ソ連における反体制作家ソルジェニーツィンの次の指摘がまさに的を射ていたと言うことができるでしょう。

スターリニズムなどというものは、いまだかつてあったことはないのです。これは、共産主義のあらゆる根本的特殊性、あらゆる根本的罪過をスターリンにおっかぶせるために、フルシチョフ一派が思いついた言葉です。この思いつきは大成功でした。しかし実際は、いちばん肝心なことは、すべてスターリンより前にレーニンがやっていたのです。土地のことで農民を欺いたのはレーニンですし、自主管理で労働者を欺いたのはレーニンですし、労働組合を抑圧機関にしたのはレーニンですし、非常委員会を創ったのはレーニンですし、コンセントレーション・キャンプ（収容所）を創ったのもレーニンですし、周辺のあらゆる民族を弾圧し、帝国を樹立するために軍隊を派遣したのもレーニンです。

猜疑心の強いスターリンがやったことはほんのわずかで、こういうことです――全国に恐怖心をまきちらすために二人投獄すれば事足りるところを、スターリンは百人投獄した、それだけのことです。そして次の指導者たちは以前の戦術に戻ったのです(2)。

そこで、現実の社会主義国に幻想を抱いていた人の多くも、レーニンの責任までは認めざるをえなくなりました。レーニンは、職業革命家によって指導される軍事的規律に基づいた組織論を主張します。資本家階級を抑圧するという意味でのプロレタリアート独裁の理論、そのプロレタリアートの農民その他の勤労人民に対する指導権の考え方(もっともレーニン主義では、この考え方もプロレタリアート独裁に含まれます)、職業革命家によって構成される前衛党の考え方、その前衛党内部の組織原則である民主集中制……。そして、そのような考え方に基づいて一党独裁の政治制度、党がマスコミ機関を独占する制度、検閲制度、秘密警察、強制収容所などの政治制度が生まれます。

しかし、レーニンの組織論およびその組織論から生まれる政治制度は、革命の判断権を民衆から奪ってしまいます。すなわち何が革命であり、何が反革命であるかを判断する権利を民衆から奪ってしまうのですが、革命は、民衆がその民衆の解放のために起こします。したがって、革命の判断権は当然民衆がそれを保持していなくてはなりません。ところが、レーニンの組織論およびその組織論から生まれる政治制度は、その革命の判断権を民衆から奪ってしまいます。なぜなら、レーニンの組織論およびその組織論から生まれる政治制度は、権力者に絶大な力を集中させ、革命の判断権を権力者の手に独占させてしまうものだからです(3)。

例えば、その前衛党の思想は、前衛党の党員を党員以外の一般大衆とは別人のごとき地位に立たすことになり、さらにその民主集中制という組織原則は、党幹部を一般党員から隔絶させてしまいます。もちろんたて前の上では、党員は労働者階級を指導するのであり、また民主集中制は、党員の意見表明の権利を保障した民主的な組織原則であるとされます。しかし現実は、党員以外は何の発言力ももっておらず（共産党がマスコミ機関を独占してきたことはそのいい証拠です）、また共産党内部では、一般党員の批判が党幹部の決定を変更できるような仕組みになってはいません。

つまりマルクス・レーニン主義の組織論は、資本家階級を抑圧するために労働者階級に与えられた巨大な権力を前衛党の理論により共産党が握り、そしてその巨大な権力を民主集中制を通じて少数の権力者が握る、という構造をもっているのです。そうである以上、民衆が革命の判断権を奪われてしまうのはあまりにも当然であり、そして粛清という名のもとに民衆の大虐殺を行ったスターリンが生まれたのも、ある意味で、むしろ当然とも言えるのです[4]。

ところで、それではマルクス自身の責任は？――レーニンの場合とは異なり、社会主義国型全体主義国家を生み出してしまったことに対するマルクス自身の責任に関しては、まだそれを認めていない人がかなりいるのだと私は思います。特に日本では、マルクス主義哲学の提示する理想に対する期待を捨てきれない人間が現在でもかなり存在すると私は思うのですが、例えばそれは彼らの「もしイギリスに革命が起こったら、そうはならなかった」という発言の中に現れます。つまり、彼らは社会主義国型全体主義をもたらした責任をロシアや中国などの社会主義諸国における後進性に求めようとしているのですが、しかしそのような考え方の中には、自分が若い頃に一度は心酔しきっていたマルクス主義の中でせめてマルクスだけは聖域として残しておきたいという気持ちがかなりの程度含まれているに違いありません。

私はこの論考で、マルクス主義哲学そのものが全体主義の思想、すなわち全体主義社会をもたらす思想であったということを論じたいと思います。社会主義国型全体主義国家はマルクス自身の哲学そのものがもたらした。したがって、レーニンやスターリンはマルクスから生まれ、そしてマルクス主義哲学がそのレーニンやスターリンを通じて全体主義社会をもたらした。

つまり、それが本論考におけるサブタイトルの「マルクス主義哲学はどうして全体主義社会をもたらしてしまったのか」の意味なのですが、どうして私はそのことを論じなくてはならないのか。それは、二〇世紀における変革の主たる担い手であったマルクス主義の、哲学としての欠陥を明確にしておく必要があると考えるからです。マルクス主義哲学を根拠にすれば、社会主義国型全体主義がもたらされてしまう可能性がある。したがって、マルクス主義はもはや変革の思想としての役割を果たせない。だからこそ私はこの論考で、今後の変革を担う主たる思想はマルクス主義ではなく、新しい実存主義であることを主張しなくてはならないのです。(5)

全体主義社会が成立するための要素

マルクス主義哲学は全体主義の思想、すなわち全体主義社会をもたらす思想だった。だからこそ、マルクス主義哲学が社会主義型全体主義国家をもたらした。どうして私はそう考えるのか。しかし、そのことを述べる前に私は、全体主義に関する私の考え方を述べておかなくてはならないでしょう。

全体主義という言葉は、ファシスト党を結成したイタリアのムッソリーニの「全体国家」の考え方を批判するために生まれました。そして、その後その言葉はドイツ・イタリア・日本のファシズム陣営を批判するために用いられ、さらにそれは第二次世界大戦後にはソ連型社会主義政治体制を批判するために用いられたのですが、この場合、全体主義の特徴としては国民の基本的人権の否定、秘密警察による自由主義思想の排除、教育機関やマス・メディアによる思想統制、一党独裁制などがあげられます。

ということは、全体主義に関する私の考えを述べるには、その全体主義に対する私の定義から始める必要があることを意味しています。なぜなら、全体主義という言葉を用いて批判の対象とされる諸国がこれほど大きく変化しているということは、全体主義という概念がまだ確立されてはいないことを意味するからです。例えば、マルクス主義が支配的な政治思想であった私の学生時代は、全体主義と言えば、ドイツ・イタリア・日本におけるファシズムの政治体制を意味していました。したがって、人々が用いる全体主義という言葉にはソ連に対する批判は含まれてはおらず、かえって彼らは、マルクス主義における唯物史観に基づいて全体主義（＝ファシズム）の分析を行っていました。また、全体主義という言葉がソ連型全体主義批判のために用いられるようになった後も、そこであげられている特徴は、ただファシズム諸国と社会主義諸国の政治体制の共通部分を羅列しただけにしかすぎないと言ってもいいでしょう。

私は全体主義を「個人に対して全体と見なされる国家・民族・階級などの社会に最高価値を与え、全面的にあるいは部分的に人間の尊厳を否定する考え方」と定義します。そして、その全体主義を最高価値を与えられる社会に応じて国家至上型全体主義、民族至上型全体主義、階級至上型全体主義のように分類するのですが、私が人間社会における最高価値の問題と人間の尊厳の否定の問題にしぼって全体主義を定義するのは、全体主義社会はこれからも出現する可能性があると考えているからです。いや、もしかすると、それは現在すでに生まれているのかもしれない。

となると、あまりにも細かすぎる特徴をあげると、その特徴さえなければ本来なら全体主義社会と見なされるべき社会が批判されなくなってしまいます。例えば、もし秘密警察による自由主義思想の排除を全体主義の特徴としてあげるとすると、秘密警察さえなければその社会は全体主義社会ではなくなってしまいます。また、一党独裁制を全体主義の特徴としてあげるとすると、議会制さえ存在していれば、それは全体主義社会ではなくなってしまうのです。

全体主義社会がこれからも出現する可能性があるとすれば、私たちは「何が全体主義社会を成立させてしまうのか」とか「何があったら全体主義社会が成立してしまうのか」とかといった問題を考える必要があるでしょう。全体主義社会を成立させる要素とか全体主義社会が成立するための要素とかといった問題についてですが、そのような問題を考えておけば、たぶん私たちは、

「全体主義社会を成立させないために何が必要か」という問題についても考えることができるでしょう。

全体主義社会（国家）が成立するためには、少なくとも三つの要素が必要であると私は考えます。全体主義的思考方法を行う民衆の存在、全体主義の思想、全体主義を強制する政治の三つですが、全体主義の問題を考える際に人々は、これまでは全体主義を強制する政治の問題を中心に考えてきました。そこで、そのような政治を行ったヒトラーやスターリンの人間的資質とかファシズム諸国や社会主義諸国の政治体制とかの問題が主に論じられてきたのですが、しかし、全体主義社会が成立するためには、全体主義的思考方法を行う民衆が存在することが必要です。

この場合、全体主義的思考方法とは、論理的方向性において全体主義と一致し、全体主義社会をもたらす可能性があるような思考方法ですが、一般的に言って、民衆は人間社会における最高価値とか他者の人間の尊厳の否定などということをそれほど深く意識してはいません。しかし、その民衆の無意識な思考方法や行動がその論理的方向性において全体主義と一致していると、その民衆は全体主義社会の支持者となります。そして多くの場合、日常的生活においてその全体主義社会を形成するための実行者となります。

また私は、全体主義社会が成立するためには全体主義の思想、すなわち全体主義社会をもたらす思想も必要だと思います。そのような思想が全体主義的思考方法を行う民衆の数を増やし、また各自が勝手に全体主義的思考方法を行っている民衆を一定方向に向かわせると考えるからですが、一般的に言って、全体主義は体系的思想を持っているわけではありません。特にドイツ・イタリア・日本のファシズムもソ連型社会主義も一緒にして全体主義と考えると、そこに統一的体系的思想が見つかるはずは始めからありません。したがって、そのような意味での全体主義の思想はないと言えばないのですが、しかし全体主義社会をもたらす思想には、そこに共通する論理構造が存在しているように私には思えます。したがって、そのような論理構造を持つ思想を全体主義の思想と考えることができると私は思うのですが、私は、全体主義の思想が持つ論理構造はルソーの一般意志の考え方によって生み出されたと考えています。したがって、近代以降の歴史で考えれば、私はルソーの考え方が全体主義の思想の淵源であると考えているのですが、そこで私たちはここでルソーの一般意志の考え方を確認しておかなくてはなりません。

ルソーの一般意志の考え方と全体主義の思想が持つ一般的論理構造

たぶんマルクス主義の影響と考えられるのですが、わが国では多くの場合、ホッブズ、ロック、ルソーの主張が社会契約説の発展過程として扱われます。しかし、ルソーの社会契約説は、ホッブズ、ロックの社会契約説とは論理構成が異なります。なぜなら、ルソーは、他の二人の主張とは異なり、人間の自然権を守るために社会契約が行われると考えてはいないからです。社会契約説の流れに沿って、ルソーも、やはり自然状態とか人間の本性とかのことを考えます。ルソーの考える自然状態は、人間同士の恒常的な相互関係がない一人ひとりの人間が孤立した状態ですが、その自然状態では、一人ひとりが自由で平等です。したがってルソーの唱える自然権は、素朴な自然人として自由に生きる権利なのですが、ルソーの考える人間の本性は、自己保存と憐憫の情です。そして、ルソーによると、自然状態では自己保存の要求は憐憫の情によって緩和されています。

ところが、私有財産制が生まれ、所有権が発生して人間の間に不平等が発生すると、人間の心の中に虚栄心・自尊心が膨らんで、憐憫の情は減退します。そこで、腐敗や因襲が生まれ、富める者は自分の私有財産を保持するために国家を求めます。つまり、ルソーによると、文明が発生することによって、人間は人と人との支配・被支配の関係に入り、自然的自由を失うのです。だからこそ、ルソーは「自然に帰れ」と主張する（あるいは主張したとされる）のですが、しかし、「自然に帰れ」という理想は不可能です。

文明を発生させてきた人間は、もはや他の人間との絆の中でしか生きられません。しかし、その人と人との絆は、自由を抑圧する鎖です。そこで、ルソーは、自然状態とは別な形で自由を回復することを意図するのですが、それは自然的自由ではなく、人間が他人とともに形成する市民社会に住み続け、同時に自由であるような自由です。

つまりそれが市民的自由なのですが、そこで、ルソーが主張するのは一般意志の形成です。この場合、一般意志とは、社会を構成するすべての人民（民衆）に共通する利益ですが、それは私益を求める特殊意志（個別意志）の総和ではありません（ルソーは、この私益を求める特殊意志の総和を全体意志と呼びます）。私益、あるいは私益の集まったものではない人民すべてに共通する利益、もしそのような一般意志を他人とともに自分が形成するのであれば、一般意志にしたがうことは、他人ではなく、「広げられた自分」にしたがうことになるとルソーは考えます。そして、ルソーは、そのような一般意志の形成に参加することによって、各人は自然的自由の代わりに市民的自由を獲得すると考えるのですが、つまりルソーの社会契約とは、市民的自由を獲得するための一般意志と個人の契約なのです。

一般意志は、具体的には、憲法や法律の制定や廃止という形で形成されます。そして、一般意志は、あくまでも社会を構成するすべての人民に共通する利益です。そこで、ルソーは、人民主権を主張します。一般意志の形成（＝憲法や法律の制定）は人民すべてによって行われなければならないからですが、また、ルソーは直接民主制を主張します。立法権（＝一般意志に参加する権利）は代理されてはならないからですが、そしてまたルソーは、一般意志の形成には全会一致が必要であると主張します。全会一致でないとしたら、自発的に行われない社会契約が存在することになるからです。

ルソーの一般意志は、強力な革命理論となりました。なぜならば、国家は、一般意志を実現するために存在することになるからです。国家は一般意志を実現するために存在する。国家は、その国家を構成する人民すべての利益を実現するために存在する。そして、政府は、一般意志である法の執行機関であるにしかすぎない――そこで、政府が一般意志に反する場合には、人民はこれを解体する権利を持つことになるのです。

このように、ルソーの社会契約説は、強力な革命理論を提供することになったのですが、しかしルソーの一般意志の考え方は多くの問題点を含んでいます。まず、一般意志を形成するための方法や制度に関してですが、ルソーの主張する直接民主制という方法は、人民すべてに共通する利益を探し出すための方法として、ふさわしいものと言えるでしょうか。そしてそれは、結果的に「衆愚政治」をもたらさずにはいられないのではないでしょうか。

全会一致の問題となると、いっそうその問題点が明らかになります。全会一致などということが、本当にありうるのでしょうか。全会一致のもとでは、一人でも反対したら何も決定できないのではないでしょうか。そして、全会一致という擬制のもとで多くのことが決定されるとしたら、本心では反対だった人間の意志は、その全会一致という擬制のもとに抑圧されることにならないのでしょうか。

ルソーの一般意志の考え方の最大の問題点は、そもそも一般意志＝人民すべてに共通する利益というものが本当に存在するかどうかということです。一般意志というものが理念的に存在しうると考えることに問題はありません。そして、その国家がその一般意志という理念を追求するものであると考えることにも問題はないでしょう。したがって、その一般意志を目的としない政府を打倒することにも問題はありません。

しかし、一般意志が現実世界に常に存在し、人間はその一般意志に絶対にしたがわなくてはならないと考えるとすれば、問題は別です。なぜなら、もし一般意志というものが存在しないとしたら（あるいは時と場合によってはその一般意志が形成されない場合がありうるとしたら）、形成されたとされる一般意志が一部の者の意志である場合がありうるからです。そして、その場合は一般意志の名のもとに個人の抑圧が生まれる可能性が生まれます。

ルソーは各人のすべての力を一般意志の指導のもとにおくべきだと主張しました。そして、ルソーは、一般意志にしたがうことは、他人ではなく、「広げられた自分」にしたがうことだと主張しました。だからこそ、ルソーはその状態を市民的自由が獲得された状態であると考えるのですが、しかし、「広げられた自分」にしたがえないものがいた場合はどうなるのでしょうか。また、多くの場合は、その「広げられた自分」にしたがえたとしても、時と場合によってはその「広げられた自分」にしたがうことができない場合はどうなるのでしょうか。一般意志は、絶対に正しい！――となると、「広げられた自分」にしたがえない者や「広げられた自分」にしたがうことができない場合は、その「広げられた自分」にしたがうよう、強制される！

ルソーの一般意志は、人民に自己犠牲を強いる国家を生み出す可能性を持っているのです。自らを犠牲にして、人民すべてに共通する利益のために奉仕する。――だからこそ、ルソーの一般意志の考え方は、全体主義社会をもたらす論理構造を内に含んでいると考えられるのです。

それでは、ルソーの一般意志の考え方のどこに全体主義社会をもたらす論理構造があるのか。それは、一般意志にしたがう義務が同時に自由であるという論理にあります。私はこの一般意志にしたがう義務＝自由という論理から全体主義社会をもたらす思想に共通する一般的論理構造を導き出そうと考えているのですが、しかし、そのことを述べる前に、ルソーが人間社会における最高価値をどこにおいているかを確認しておきましょう。

全体主義に対する私の定義は「個人に対して全体と見なされる国家・民族・階級などの社会に最高価値を与え、全面的にあるいは部分的に人間の尊厳を否定する考え方」というものです。だからこそ、私は人間社会における最高価値がどの社会に与えられているかを確認しなくてはならないのですが、ルソーが人間社会の最高価値を全体社会、すなわち個人に対して全体と見なされる社会に与えていることは確かです。ルソーは各人のすべての力を一般意志の指導下のもとにおくべきだと考えているからですが、したがって一般意志にしたがう義務は、その一般意志を実現する全体社会に対する忠誠の義務ということになるでしょう。それでは、ルソーの意図する一般意志を実現する全体社会は何なのか。国家なのか、民族なのか、階級なのか。

実を言うとルソーの場合には、その一般意志を実現する全体社会が国家であるとも階級であるとも考えられるのです。たぶんルソーは、一般意志を実現する全体社会として国家のことを考えたのだと私は思います。ルソーの『社会契約論』第一編の冒頭には「……社会の秩序のなかに、正当にして確実な国家の設立や国法の基準があるかどうか、これを私は研究したい(6)」とあり、この本の結語には「私は国法の真の原理を設定し、国家をそのあるべき基礎の上に築くことに努めてきた(7)」とあるからですが、もしそうであれば、ルソーの一般意志を実現する全体社会は国家ということになります。

ところがルソーは国家という言葉とともに人民という言葉も使います。だからこそ一般意志はすべての人民に共通する利益なのですが、そしてルソーの思想は、フランス革命を抜きにして考えることができません。ルソー自身は、フランス革命が始まる以前の一七七八年に亡くなっているのですが、しかしルソーの考え方はフランス革命のバイブルです。そして、そのフランス革命を代表とする市民革命とは、第三身分（市民、農民）が第一身分（聖職者階級）・第二身分（貴族階級・領主階級）を打倒したという事件です。もしそうであれば、この人民という言葉を「革命を担う第三身分（＝第三階級）」と捉えるとすると、ルソーの一般意志は第三階級の意志となります。そしてルソーの考える一般意志を実現する全体社会は、階級ということになります。

このようにルソーの意図する一般意志を実現する全体社会には国家と階級の両方が考えられるのですが、そこで、ここでそれを「全体社会（第三階級あるいは国家）」と表記すると、一般意志にしたがう義務が同時に自由であるということは、「全体社会（第三階級あるいは国家）に対する忠誠の義務が、同時にその全体社会の成員である個人の自由である」ということになるでしょう。

全体社会（第三階級あるいは国家）に対する忠誠の義務＝その全体社会の成員である個人の自由という論理のもとでは、その全体社会の成員である個人が自由を求めると、最高価値を与えられている全体社会（第三階級あるいは国家）の価値はさらに増大します。そのような論理の下では、個人が自由を求めることが、同時に全体社会（第三階級あるいは国家）の価値を高めることになるからですが、そうなるとその全体社会（第三階級あるいは国家）に対する個人の忠誠の義務も拡大します。そして、全体社会（第三階級あるいは国家）が個人に要求する忠誠の義務の度合いは、その全体社会の成員である個人が自由を求めれば求めるほど増大します。また、そのような自由を求める個人の数が増えれば増えるほど増大するのですが、そうなると全体社会（第三階級あるいは国家）がその成員である個人に要求する忠誠の義務は無制限に拡大してしまう可能性があります。そして、その個人の人間の尊厳が否定される可能性があります。

例えば、ある個人が何らかの理由で全体社会（第三階級あるいは国家）の決定を承認できず、反対したとします。ところが全体社会（第三階級あるいは国家）に対する忠誠の義務＝その全体社会の成員である個人の自由という論理の下では、そのような個人は、同時に自由に反対する人間と見なされてしまいます。となると、その全体社会の決定に反対した個人は、その全体社会の決定を実行しようとする権力者によって、「自由の敵」と見なされて糾弾される可能性があります。

ところがこの場合、隣人、すなわちその全体社会の成員である他の個人も助けてはくれません。いや、その隣人は権力者を支持し、場合によってはその隣人自身が全体社会の決定に反対した個人を糾弾する可能性もあります。なぜなら、全体社会に対する忠誠の義務＝その全体社会の成員である個人の自由という論理の下では、全体社会（第三階級あるいは国家）の決定に反対する個人は、隣人の求める自由を否定していることを意味してしまうからです。そこでそのような論理の下では、全体社会（第三階級あるいは国家）の決定にしたがわない個人は、権力者ばかりでなく、自由を求めるすべての隣人によって糾弾される可能性があるのですが、そのような可能性は、全体社会（第三階級あるいは国家）が要求する忠誠の度合いが高まった時と同様、自由を求める隣人が自由を求めれば求めるほど高まります。そしてそのような隣人の数が増大すればするほど高まります。全体社会（第三階級あるいは国家）に対する忠誠の義務を果たそうとしない者は自由の敵だ！　そこで、全体社会の決定にしたがわない個人は隣人である他の個人によっても粛清の対象になり、その結果、その人間の尊厳を侵される可能性が生まれるのです。だからこそ、一般意志にしたがう義務が同時に自由という論理構造は、全体主義社会をもたらさざるをえないのです。そしてだからこそ、ルソーの論理は、全体主義社会をもたらす論理構造であると考えられるのです。

私の考える全体主義の思想が持つ一般的論理構造は「国家、民族、階級などの個人に対して全体と見なされる社会に対する忠誠の義務が、同時にその社会成員の自由、解放、正義、進歩、使命、誇りなどをもたらす」というものです。これは、ルソーの一般意志にしたがう義務＝自由という論理を一般化しようとしたものですが、この場合、この文章の前半の「国家、民族、階級などの個人に対して全体と見なされる社会に対する忠誠の義務が」という部分に入っている社会は、人間社会における最高価値を与えられる可能性を持った全体社会です。

そしてこの場合私は、その最高価値を与えられる可能性を持つ全体社会の部分に国家が入った場合は国家至上型全体主義社会、民族が入った場合には民族至上型全体主義社会、階級が入った場合には階級至上型全体主義社会がもたらされると考えるのですが、そのような全体社会にどのような論理で最高価値を与えるかは、全体主義の思想によってそれぞれ異なります。ルソーの場合は一般意志という考え方でそれを論理づけたのですが、もちろん全体主義の思想がすべて一般意志という言葉を使うわけではありません。しかし、その全体主義の思想には、必ずやルソーにおける一般意志の論理に相当する、全体社会に最高価値を与えるための何らかの論理づけが行われます。

また、後半の「同時にその社会成員の自由、解放、正義、進歩、使命、誇りなどをもたらす」という部分にある自由、解放、正義、進歩、使命、誇りなどの言葉は、ほとんどの民衆が求める価値を表します。そして、それは民衆一人ひとりに強い期待を抱かせるとか、積極的行動を促すとかの内容を含んだ価値ですが、全体主義思想の論理で最も重要なことは、民衆一人ひとりがそのような価値を求めれば求めるほど全体社会に与えられている価値が上がってその全体社会に対する成員の義務が拡大し、また全体社会の決定に反対することが民衆一人ひとりのそのような価値を否定することにあります。したがって民衆一人ひとりのそのような価値が全体社会に結びついた場合には、そこに全体主義社会がもたらされる可能性があるのです。例えば民衆一人ひとりが自由や解放を求めれば求めるほど、正義や進歩を求めれば求めるほど、そして自らの使命や誇りを求めれば求めるほど、そこに全体主義社会が生まれる可能性があるのです。

一言付け加えます。近代以降の歴史に限って言えば、私は、フランス革命の際にロベスピエールによって行われた恐怖政治が生み出した社会は全体主義社会と呼ばれるべき最初の社会であったと考えています。なぜなら恐怖政治が行われた時代に、全体主義社会が成立するための三つの要素が近代になってから初めて出そろったと考えることができるからです。

全体主義の思想はルソーがそれを作りました。そして、フランス革命の際には、ルソーの一般意志を支持して全体主義的思考方法をとる民衆はかなり存在しており、全体主義を強制する政治は、ロベスピエールがそれを行いました。ロベスピエールはルソーの後を継ごうと決心したとされるのですが、「共和国の魂は徳――すなわち祖国への愛、すべての個人的利害を、社会全体としての利害のなかに解消する高潔な献身――である」(8)と述べたロベスピエールは、自らの意志がルソーの言う一般意志であると考え、それを権力をもって強制しました。そして、民衆はそのロベスピエールを一時期は熱狂的に支持しました。だからこそ、その結果は「自由よ、おまえの名において、いかに多くの罪がおかされていることよ!」(9)というジロンド党のローラン夫人の言葉になってしまい、そしてだからこそ、ロベスピエールは「血塗られたルソー」と呼ばることになった、そのように考えられるのです。

（２）ヘーゲル哲学と国家至上型全体主義・民族至上型全体主義

ヘーゲルの弁証法は国家に至上の価値を与える

本論考のテーマは、マルクス主義哲学そのものが全体主義の思想であることを論ずることですが、しかしその前に私たちは、もう一人ヘーゲルについても考えておかなくてはなりません。なぜなら、ルソーの一般意志の考え方から生まれた全体主義思想の論理構造は、ヘーゲルを経てマルクスに受け継がれたからですが、そして私は、もしヘーゲル哲学が必然的に全体主義社会をもたらすのであれば、マルクス主義哲学も全体主義社会をもたらさざるをえないと考えています。

ルソーの一般意志を実現する全体社会は国家であるとも階級であるとも考えられました。したがってルソーの思想は、国家至上型全体主義と階級至上型全体主義の両方の面を持っていたのであり、両者が未分化の状態で存在していたと考えられるのですが[10]、ルソーの論理におけるこの国家と階級の未分化の状態から脱却して国家至上型全体主義（あるいは民族至上型全体主義）の論理を徹底的に押し進めたのがヘーゲル哲学です。そして、階級至上型全体主義の論理を徹底的に押し進めたのがマルクス主義哲学なのですが、ルソーの生み出した全体主義の論理構造はカントを通じて、あるいは直接ヘーゲルに受け継がれました。

この場合、もちろんカントは全体主義思想家ではありません。しかしカントの論理には、普遍的道徳律にしたがう義務＝自由という論理が存在します。他の動物同様、人間は本能や感情的欲望などの自然の因果法則に支配されている。しかし、自分の良心の声（＝実践理性の声）にしたがって普遍的道徳律にしたがうことができれば（＝自律）、そのような因果法則から人間は自由になることができる。だから普遍的道徳律にしたがうことこそが自由である。そのようにカントは説くのですが、しかしこの論理では、その普遍的道徳律の部分に国家が入りさえすれば、国家にしたがうことが同時に自由になってしまいます。国家にしたがうことこそ自由だ！　だからこそ、普遍的道徳律にしたがう義務＝自由というカントの論理は、ルソーとヘーゲルを結びつけるという役割を果たしていたと考えられるのです。

ヘーゲル哲学は、まさに国家にしたがうことが同時に自由であることを体系的に説明するための論理と考えることができます。ヘーゲルは自然はもちろんのこと、人間や社会や国家などすべてのものを生み出し、支配しているものを絶対精神であると考えます。この場合、絶対精神とはキリスト教における神の哲学的表現と考えられるものですが、そしてヘーゲルによれば、絶対精神の本質は自由です。したがって、神が神に似せて創造した人間の本質も精神（＝理性）であり、だからこそ人間も自由を求めるのですが、しかし個々の人間の精神は主観的精神でしかありません。なぜなら人間の作っている社会や国家の本質も精神であり、精神は客観的な世界においても存在するとヘーゲルは考えるからです。

そしてヘーゲルは、この客観的世界に具現化している絶対精神を客観的精神と呼ぶのですが、そこで、ヘーゲルは良心（＝実践理性）を拠り所とするカントの道徳観を主観的道徳観の立場でしかないと批判し、個人の内面的な自律性を根拠とするカントの自由（＝道徳法則にしたがう意志の自発性＝精神の自由）も主観的自由の捉え方であると考えます。ヘーゲルからすれば、精神や自由は、社会や歴史と結びつけて考えられなくてはならないからであり、道徳や倫理の問題も個人の主観の中にある道徳ではなく、客観的精神によって現実の社会の中に具現している道徳こそが重要だと考えるからですが、そしてヘーゲルは、この客観的精神のうち歴史を動かしている精神を世界精神と呼びます。つまりヘーゲルによれば、人間も国家も歴史もすべては絶対精神が自由という自己の本質を現実の世界に具現したものであり、絶対精神の自己運動の結果なのです。

国家にしたがうことが同時に自由であることを論証するために、ヘーゲルは国家の価値を次々に高めていきます。そのために用いられた論理（論法）が弁証法ですが、この場合弁証法とは、絶対精神が自己を展開するその運動の仕方、あるいは人間の側から言ってその絶対精神の運動の捉え方です。

実を言うと私は、ヘーゲルの弁証法をまったく認めません。どうして絶対精神が弁証法の形で現象するかの根拠がまったく示されていないまま論理が展開されているからですが、したがって私にとっては、弁証法はただヘーゲルがそう考えただけのことでしかありません。——となると、私にとって重要なことは、弁証法という論法によってヘーゲルが何を論理づけようとしていたかということだけであり、そしてそれは、国家に至上の価値を与えたということでしかありません。

ヘーゲルによれば、すべてのものは自己の中に自己に対立・矛盾するものを含んでおり、その対立・矛盾が運動を引き起こします。そして、すべてのものは運動を通して低次のものからより高次のものへと発展していきます。この場合、その運動は「正（定立・テーゼ）」・「反（反定立・アンチテーゼ）」・「合（総合・ジンテーゼ）」という法則性を持った動きをたどるのですが、まず運動の第一の段階は、矛盾を含みながらまだそれが表面化せず安定している段階です。これが「正」の段階ですが、しかし、やがて劣性であった矛盾が増大し、正の段階が維持されなくなって否定される段階が訪れます。これが運動の第二の段階であり、「反」の段階ですが、ところが運動の第三の段階では「正」と「反」の段階を乗り越えることによって対立・矛盾が解消され、新しい段階への発展が見られます。これが「合」の段階なのですが、しかしヘーゲルによると、この「合」の段階もまた矛盾を含み、したがって再び「正」・「反」・「合」の段階を経て運動はさらに発展し続けるのです。

ヘーゲルは、このような弁証法が政治・文化・社会体制のすべてをつらぬいていると考えます。そしてこの「正」・「反」・「合」の弁証法の論理を考える上で最も重要なことは、「正」と「反」の二段階は否定されはしても、全面的に否定されるのではないということです。なぜならヘーゲルによると、「合」の段階は前の二段階双方の要素を保存しながら高次の段階に発展するからです。このように前の二段階の要素を否定し、あるいは保存しながらそれを乗り越えることをヘーゲルは止揚（アウフヘーベン）と呼ぶのですが、もし弁証法のこの論理（論法）が正しいとすれば、国家をこの「合」の段階に位置づければ国家の価値は上昇します。なぜならば、その国家は「正」の段階にあるものと「反」の段階にあるもの双方の要素を保存しながら、より高次なものに発展したものになるからです。

そこでヘーゲルはこの弁証法の「合」の部分に国家を位置づけることによって次々に国家を高次の価値を持つものに変えていきます。まずヘーゲルは客観的精神によって現実生活の中に具現化している法（「正」の段階）と道徳（「反」の段階）との弁証法を考えます。ヘーゲルによれば、法は個人の関係にかかわる外面的規制で財貨の所有・契約・犯罪などを扱います。そして道徳は個人の内面的世界に生ずるもので、良心・責任・善などを問題にします。法は外部との交渉で実現され、道徳は内面との関係で実現されるのですが、この外的規制としての法と内面規制としての道徳の矛盾・対立を止揚（アウフヘーベン）した共同体をヘーゲルは「人倫」と呼びます。

つまりヘーゲルは国家をこの「人倫」に位置づけるのですが、ですから「人倫」としての国家は法や道徳の要素を保存しながら、さらに高次のものとなります。だからこそヘーゲルによれば、それは客観的倫理であり、自由な精神が客観的制度や組織として具体化されたものなのですが、「人倫」としての国家は、自由な精神が客観世界に実現される具体的な場である！

ところが、ヘーゲルは弁証法を用いてその「人倫」としての国家の価値をさらに高めます。それが「人倫」としての国家は、やはり「人倫」としての家族と市民社会を止揚したさらに高次のものであるという考え方ですが、ヘーゲルは、「人倫」は家族・市民社会・国家の三段階を通って弁証法的に発展、具体化すると主張します。この場合、家族は人倫形態の最初の段階であり、夫婦や親子などの自然な情愛によって結びついた共同体です（「正」の段階）。しかし、この「正」の段階は子どもが成長して親から独立し、市民社会の一員になるにしたがって崩れ、そこで次の市民社会の段階へと進みます（「反」の段階）。

市民社会においては、各成員は一個の自由で平等な独立した人格として現れます。しかし各成員は個人個人の私的利益を追求し、その結果、自他の対立・争いは免れません。そのため市民社会は不自由におちいり、さらに産業の発展や人口の増加は富の集中と貧困・不自由の増大をもたらします（ヘーゲルは市民社会を「欲望の体系」と呼びます）。その結果、市民社会においては各成員が情愛を失い、家族において見られた安定した統一も失われて「人倫の喪失態」となるのですが、そこでヘーゲルによると、家族の普遍性・全体性と市民社会の独立性・個別性の矛盾を止揚（アウフヘーベン）した国家が生まれるのです（「合」の段階）。

ヘーゲルの主張する「人倫」としての国家は、個人より高い次元の有機体的全体であり、自らの中に目的を持ち、それ自らのために存在するものです。そして、ヘーゲルによれば、「人倫」としての国家は人倫の発展段階の最高のものであり、人倫の完成された姿です。したがって、ヘーゲルによれば、この段階において初めて個人の利益と全体の利益が一致・調和させられ、人間の自由・道徳が本質的に実現するとするのですが、つまりこのような説明によってヘーゲルの主張する国家は人間社会において至上の価値を持つことになるのです。

ヘーゲル哲学が国家至上型全体主義社会をもたらした

となると、一人ひとりの人間はどうなるか。ヘーゲルは「国家こそが、絶対の究極目的たる自由を実現した自主独立の存在であり、人間のもつすべての価値と精神の現実性は、国家をとおしてしかあたえられない[11]」と主張します。ですから人間は、国家の成員になることによってのみ価値ある存在でしかありません。人間は、国家を通じないかぎり無価値な存在でしかない！　だから、人間は国家なしには自由は得られない！

国家は人間社会における至上の価値を持ち、人間は国家を通じないかぎり無価値な存在でしかない。このような国家と人間の関係は、ヘーゲルの戦争観を考えると、より一層鮮明になります。ヘーゲルは、戦争は人間改善に必要なものであって、永久平和は可能なものでもなければ、また望ましいものでないと考えます。ですからヘーゲルは戦争を肯定するのですが、そしてヘーゲルが戦争を肯定する最大の理由は、戦争によって諸国民の倫理的健全性が維持されると考えるからです。

ヘーゲルは、「これは風の運動が海を腐敗から防ぐのと同様である。持続的な凪は海を腐敗させるであろうが、永久平和は言うまでもなく、持続的な平和でさえも、諸国民を腐敗させるであろう[12]」と述べるのですが、戦争によって人民の倫理的な健康が保たれ、国民が腐敗を免れる。したがって、人間は戦争によって倫理的健康を保たれ、腐敗を免れる存在でしかないのです。

ということは人間は国家の命ずるまま戦争に参加することによってしか倫理的健康を保つこと

ができない存在でしかないことを意味します。つまり、人間は戦争を行う国家の命ずるまま国家の手段になることによってしか自由にはなれないのです。したがって、自由な人間は、戦争を行う国家の手段以上のものではない！

ヘーゲルの自由は結局は、国民に全体主義国家に埋没することを要求するだけのものでしかないのです。そして、ヘーゲル哲学は、国家に至上の価値を与えるための論理を体系化しただけのものでしかありません。つまり、ヘーゲル哲学は全体主義社会をもたらす思想でしかありえないのですが、となると他の条件が存在すれば、それは、全体主義社会をもたらします。すなわち全体主義的思考方法をとる民衆が多数存在し、全体主義を強制する政治が存在しさえすれば、そこには、全体主義社会が出現しないわけにはいかないのです。

ヘーゲル哲学はまずイタリアにおいて全体主義社会をもたらしました。当時のイタリアには全体主義的思考方法をとる民衆が多数存在したからであり、また何よりも全体主義を強制する政治を行おうとしたムッソリーニが存在したからですが、すなわちそれが第一次世界大戦が終結して間もなく成立したムッソリーニのファシズム国家であり、本格的な国家至上型の全体主義国家です。

一般にファシズムは行動であり、理論を持ってはいないとされています。しかし、その根底には民衆の行動を一定方向に向かわせる統一的な思想がやはり存在します。運動を統一するには何らかの求心力のある思想が必要とされないはずがないからですが、そしてそれは、たぶん一九三二年に出版された『イタリア百科辞典』の「ファシズモ」という項目の中にムッソリーニの名前で掲載されている「ザ・ドクトリン・オブ・ファシズム」（伊：La doctrina del fascismo）に示されています。そしてその「ザ・ドクトリン・オブ・ファシズム」の中には、ファシズムの基本的理念を述べた次のような文章があります。

ファシスト国家概念はすべてを包含する。国家の外には人間なく、また精神的な価値もあり得ないし、存在する価値が更にない。かくてファシズムは全体主義であると理解され、ファシスト国家はすべての価値を含む綜合であり単位であって人民の全生命を説明し発展せしめ、力づける。(13)

ご覧になってお分かりのように、まさにこれはヘーゲル哲学の論理そのものです。そして、それもそのはず、この「ドクトリン・オブ・ファシズム」の実際の著者は、ジョヴァンニ・ジェンティーレであり、そして彼はイタリアにおけるヘーゲル主義者だったのです。したがって、イタリアにおけるファシズム国家は、ヘーゲル哲学がもたらした！

ヘーゲル哲学は民族至上型全体主義社会をもたらした

ところが、ヘーゲル哲学はイタリアにおける国家至上型全体主義国家をもたらしたばかりではなく、ヒトラーの民族至上型全体主義社会をもたらしたとも考えられます。そこで、ここで国家至上型全体主義と民族至上型の関係を考えてみたいと思うのですが、イタリアのファシズムにおいては最高価値は国家です。そしてヒトラーのナチズムにおいて最高価値は民族であり、国家はその民族の容器ですが、政治制度のことを考えれば、国家至上型全体主義国家も民族至上型全体主義国家も変わりはありません。だからこそ、権力を握る以前にはムッソリーニを崇拝していたヒトラーは、政治制度としてはムッソリーニのファシズム国家の制度を取り入れたのであり、そしてファシズムもナチズムも、ともに一括してファシズムという呼称で呼ばれるのです。

となると、国家至上型全体主義と民族至上型全体主義は、何を最高価値にするかの違いでしかないのですが、国家至上型全体主義と民族至上型全体主義は、もともと密接に関連しています。なぜなら、近代以降の（正確には絶対主義の時代以降の）国家はネーションステイト（国民国家、民族国家）であり、したがって一民族が一国家を形成していれば、問題は生まれません。国家が至上の価値を持つことと民族が至上の価値を持つことは同じことを意味するからですが、しかし一民族がいくつかの領邦に分かれて国家を形成している場合や多民族国家、すなわち一つの国家の中に多くの民族が存在している場合は、最高価値を持つのは国家なのか民族なのかという問題が生まれます。

ヘーゲル哲学はプロイセン国家の御用哲学であり、したがってヘーゲルはプロイセンという国家に至上の価値を与えているという考え方もあるでしょう。そう考える場合は、他の領邦や他の国家に住むドイツ人は無関係で、ヘーゲル哲学では民族統一体としてのドイツ人は問題にされていないということになるのですが、しかしヘーゲル哲学においては、至上の価値を与えられた国家の先に、さらに高い価値を与えられた民族が存在すると考えることもできます。なぜなら、ヘーゲル哲学には絶対精神（世界精神）によって時代時代の世界史的使命を与えられる民族という考え方があるからです。

ヘーゲルによると、歴史は絶対精神（世界精神）が自己の本質である自由を実現する弁証法的発展の過程です。したがってヘーゲルは「世界史とは自由の意識が前進していく過程であり、わたくしたちはその過程の必然性を認識しなくてはなりません[14]」と主張するのですが、ヘーゲル哲学においては、絶対精神（世界精神）が自由という自己の本質を実現するための国家を形成する任務は、各民族の民族精神に与えられています。もちろんこの場合、国家を形成できない民族はヘーゲルからすれば何の価値も持たないとされるのですが、しかし国家を形成した民族に関しては、絶対精神は各民族を競わせます。そしてその時代時代における世界史的使命を与える民族を選ぶのですが、ですからヘーゲルの考えでは、世界史は絶対精神による各民族精神に対する審判の場でもあるのです。

ヘーゲルは、時代時代において世界史的使命を与えられた民族について、「世界精神の理念のさきの必然的契機が自然的原理として帰属している民族には、この契機を、世界精神の発展してゆく自己意識の前進のなかで完全に実現する任務がゆだねられている。この民族は世界史のなかで、この時代にとっての支配的民族である、——そしてこの民族は世界史のなかでただ一度だけ時代を画することができるだけである」[15]（傍点は原著）と述べます。そして、絶対精神（世界精神）が時代時代において歴史使命を与える民族を選ぶというヘーゲルの考え方を明確に示したものが、彼の「理性の狡知」という考え方です。

ヘーゲルによると、絶対精神（世界精神）が自己の本質を実現するために道具として利用するのが英雄です。英雄は自己の欲求や関心に駆られて行動するにしかすぎないのですが、しかし歴史上の英雄が自己の欲求や関心に駆られてなすその行動は、実は背後で歴史を支配する世界精神にあやつられたものなのです。したがって一定の時代的担い手としての役割を終えれば、彼らはすぐさま世界史の舞台から退場していきます。

フランス革命とナポレオン戦争の際に、当時における世界史的使命を与えられる民族としてフランス人が選ばれているとヘーゲルは考えていたのだと私は思います。ところが、そのフランス人の英雄であったナポレオンは、「理性の狡知」によって没落した。となると、絶対精神（世界精神）によって次の時代の世界史的使命を与えられるのはドイツ人だという考え方が当然出てくるでしょう。そこで私は、人倫国家を押し進めるプロイセンを中心としたドイツ民族の統一のことをヘーゲルが考えていたのではないかと思うのですが、プロイセンを中心としたドイツという国家を作り上げたドイツ人が次の時代の世界史的使命を担う！

もちろんこれは私の推測です。ですから、それはまったくの間違いなのかもしれません。しかし、問題はドイツ人、特に民衆レベルのドイツ人がヘーゲル哲学をどのように受け取っていたかということです。全体主義社会が成立するためには、全体主義的思考方法をとる民衆が多数存在することが必要だからですが、ヘーゲルが没した年は一八三一年です。したがってヘーゲルは、一八七一年のドイツ帝国の成立（＝プロイセンによるドイツの統一）を知りません。しかし、ドイツ人、特に民衆レベルのドイツ人は、そのドイツ帝国の成立を、絶対精神（世界精神）がドイツ民族に与えた世界史的使命と捉えたのではないでしょうか。

そして、もちろんヘーゲルは、第一次大戦におけるドイツ帝国の敗戦（＝ワイマール共和国の成立）もナチスの台頭も知りません。しかし当時のドイツ人はヘーゲル哲学を知っており、したがってヘーゲル哲学を知っているそのドイツ人がワイマール共和国を崩壊させたヒトラーを絶対精神が選んだ英雄と考えても、そこには少しも不思議はありません。

だからこそ私は、ヘーゲル哲学においては、至上の価値を与えられた国家の先に、さらに高い価値を与えられた民族という考え方が存在すると考えるのです。そして、だからこそ私は、ヒトラーの民族至上型の全体主義も、ヘーゲル哲学によってもたらされた、そのように考えているのです（ただし、反ユダヤ主義に代表されるヒトラーの狂信的民族主義がヘーゲルに由来しているとはたぶん言えないでしょう。ヒトラーの反ユダヤ主義は、ムッソリーニがとがめるほどに狂信的であり、そしてその狂信性の理由は結局は不明であり、個人的なものかもしれないからです）。

最後にヘーゲル哲学と日本型全体主義の関係ですが、ヘーゲル哲学は、日本におけるファシズム形成に関してもある程度の影響力を与えたのだと思います。たとえそれが日本人にとってあまりにも都合良すぎる解釈であったとしても、ヘーゲル哲学の言う絶対精神（世界精神）が次の時代における世界史的使命を日本人に与えるという願望を日本人に抱かさせるものだったからですが、そしてそれは、たぶん太平洋戦争開戦当時雑誌『文學界』で行われた「近代の超克」論議における京都学派の考え方に反映されています[16]。

しかし、わが国における全体主義の思想は、やはり皇国主義（皇国史観）であり、したがってヘーゲル哲学の影響は、当時のわが国における学生やインテリ層に止まった、そう考えるのがたぶん妥当なのだと思います（日本型全体主義に関しては本書の第3章で詳しく考えます）。

（3）マルクスと階級至上型全体主義

唯物史観は労働者階級に至上の価値を与える

どうやら、マルクス主義哲学について考えることができるようになりました。先ほど述べたように私は、もしヘーゲル哲学が必然的に全体主義社会・国家をもたらすのであれば、マルクス主義哲学も全体主義社会・国家をもたらさざるをえないと考えています。マルクス主義哲学はその論理構造においても、また思考方法においてもヘーゲル哲学を継承していると考えているからですが、もちろんマルクスはヘーゲルの観念論哲学を批判して唯物論に基づいた哲学を構築したとされており、当然のことながら、マルクス主義哲学とヘーゲル哲学は異なります。そしてヘーゲル哲学は国家至上型や民族至上型の全体主義思想であり、マルクス主義哲学は階級至上型の全体主義思想なのですが、それでは、マルクス主義哲学はヘーゲル哲学のどのような論理構造を継承しているのか。

まず最初に、それはルソーによって示され、ヘーゲルに受け継がれた全体主義の論理構造です。先に述べたように、全体主義の思想が持つ一般的論理構造とは「国家、民族、階級などの個人に対して全体と見なされる社会に対する忠誠の義務が、同時にその社会成員の自由、解放、正義、進歩、使命、誇りなどをもたらす」というものでした。そこで、ヘーゲル哲学とマルクス主義哲学の論理構造をその全体主義思想が持つ一般的論理構造に照らして考えてみると、ヘーゲル哲学の場合は、個人に対して全体と見なされる社会が国家あるいは民族であり、その国家にしたがう義務が同時に国民の自由をもたらすというものでした。つまり国家に対する忠誠の義務＝自由という論理ですが（民族至上型全体主義の場合でも、ヘーゲル哲学においてはその民族が国家を形成していることを前提にしています）、しかしマルクス主義哲学の場合は、個人に対して全体と見なされる社会が労働者階級で、その労働者階級に対する忠誠の義務＝解放という論理です。

そしてヘーゲル哲学においては、その自由という言葉の箇所にさらに正義、進歩、使命、誇りなどの言葉を付け加えることも可能でしょう。なぜなら、弁証法という論理（論法）を用いて絶対精神が自己を実現する国家というヘーゲルの考え方の中には、正義を実現したいとか、歴史の進歩に寄与したいとかという多くの個人が求める価値がすでに内包されており、またそのような国家や民族に所属するということは、そのような個人の誇りや使命感を満足させるに十分なものを持っていると考えられるからです。したがって国家や民族における権力者の意向に反対する者は、同時にそのような個人が求める価値を否定する者と見なされる！

またマルクス主義哲学においても、その解放という言葉の箇所にさらに正義とか進歩とか使命とか誇りなどの言葉を付け加えることも可能だと思います。なぜなら、マルクス主義哲学においては、労働者階級に属して革命に参加することは同時に個々の労働者の求める正義であり、進歩に対する寄与であり、歴史的使命であり、誇りでもあるからです（そしてそれは、社会主義国が成立した後は、革命を防衛することが同時に個々の労働者の求める正義であり、進歩に対する寄与であり、歴史的使命であり、誇りでもあるとされました）。したがって、たとえマルクス主義哲学が労働者階級という全体社会に最高価値を与えたとしても、論理構造としては、マルクス主義哲学はやはりヘーゲル哲学を継承していると考えられるのです。

そして、マルクス主義哲学もヘーゲル哲学同様、弁証法という論理（論法）を用いてその労働者階級という全体社会の価値を至上なものにまで高めていくという手法をとります。先に述べたように、私は、ヘーゲルの弁証法をまったく認めません。どうして絶対精神が弁証法の形で現象するかの根拠がまったく示されていないからですが、したがって私にとっては、弁証法はある意味でヘーゲルがそう考えただけのことでしかありません。そして、それはマルクス主義哲学の弁証法に関しても言えるのです。

マルクス主義哲学における弁証法は唯物弁証法と呼ばれます。そしてそれを歴史に適用したものが唯物史観（史的唯物論）と呼ばれるものですが、しかし、そこにはやはり何の根拠も示されてはいません。もちろん、私は歴史がどのような理由で動くかを理解する上で唯物史観が斬新で画期的な視点を提供したことは認めます。そして、私は、マルクス主義哲学が社会科学の発展にこの上もなく貢献したことも認めているのですが、しかしそのことと、唯物史観が根拠を持たないということとは関係ありません。したがって、私にとっては、マルクス主義哲学における唯物弁証法も唯物史観も、やはりマルクスはそう考えたということでしかないのです。

しかし、それはともかくとして、ヘーゲル哲学においては、歴史を動かすものは絶対精神（世界精神）であり、その絶対精神が自己の本質である自由を実現する運動の仕方およびその運動の捉え方が弁証法でした。そしてヘーゲルの弁証法は、全体社会と見なされる国家の価値を高めるために「正」・「反」・「合」の「合」の位置に国家をおくというものでした。ところがヘーゲル哲学を批判するマルクス主義哲学は、弁証法を唯物的な生産場面に位置づけて考えます。そしてそれは、その弁証法によって社会主義社会の価値を高めていくことによって、労働者階級という階級の価値を至上のものにしていきます。

唯物史観によると、各時代の社会は一定の生産力とそれに応じた生産関係（奴隷主と奴隷、領主と農奴、資本家と労働者のような生産過程における人間相互の関係）を持ち、それが社会の下部構造（＝

生産様式＝経済的土台）となります。そして、その下部構造の上に政治制度、法律制度、宗教、道徳などの上部構造が存在するのですが、その上部構造は下部構造に規定されています。

そして唯物史観によると、生産力は常に発展しようとして変化するのですが、一旦できあがった生産関係は固定化する傾向があり、そこでその両者の矛盾が階級闘争となって現れます。奴隷反乱や領主に対する農奴の一揆などがその例ですが、そして社会がその矛盾に耐えられないような状態に陥った時、そこに下部構造の変革が起こります。その時代の生産力の発展に応じた新しい生産関係が生まれるのですが、その結果、それにともなって上部構造も変革されます。

つまり、この変化がマルクス主義哲学における社会革命なのですが、そして唯物史観によると、歴史はこのような社会革命によって原始共産制社会から古代奴隷制社会に、古代奴隷制社会から中世封建制社会に、そして中世封建制社会から近代資本主義社会に変化してきました。したがって資本主義社会はそれ以前の古代奴隷制社会や中世封建制社会より高次の社会なのですが、しかし唯物史観によると、歴史は今後資本主義社会から社会主義社会（＝共産主義社会の第一段階）に進まざるをえません。なぜなら、資本主義社会における貧富の差や過剰生産恐慌などは生産力と生産関係の矛盾の現れであり、その結果、労働者階級の苦しみは次々に増大せざるをえないからです。したがって、労働者階級は資本家階級を打倒せざるをえず（＝政治革命）、そこで唯物史観は、歴史は資本主義社会から社会主義社会（共産主義社会の第一段階）、さらには社会主義社会から共産主義社会（共産主義社会の第二段階）へと進むと主張するのです。

このように唯物史観によると、歴史は生産力と生産関係の矛盾・対立により変化するのですが、もし唯物史観のこの論法が正しければ、社会主義社会は資本主義社会よりさらに高次の社会です。資本主義社会における生産力と生産関係の矛盾が弁証法によって止揚（アウフヘーベン）された社会だからですが、そしてそのことは社会主義社会においては、労働者階級が支配されることも搾取されることもなくなるという形になって現れます。

唯物史観によると資本主義社会までの歴史は、いまだ階級が生まれていなかった原始共産制社会を除いて、支配階級が被支配階級を支配した時代です。古代奴隷制社会は奴隷主が奴隷を支配した社会です。中世封建制社会は第一身分の僧侶（聖職者）階級、第二身分の貴族階級（＝領主階級）が第三身分の農奴・市民を支配した社会です。そして資本主義社会は、資本家階級が支配し、労働者階級が支配される社会なのですが、マルクス主義哲学によると国家は、そのような支配階級が被支配階級を抑圧する暴力機関であるにしかすぎません。

社会主義社会（共産主義の第一段階）が労働者階級が支配されることも搾取されることもなくなる社会である理由は、それが労働者階級が権力を握って資本家階級を支配する社会であり、生産手段の私有が廃止されて公有となる社会だからです。ですからそれは、労働者が「能力に応じて労働し、労働に応じて受けとる」社会になるのですが、そうなると、歴史は社会主義社会からさらに共産主義社会（共産主義の第二段階）へと発展します。

「労働に応じて受けとる」ことができるようになった労働者の労働意欲が高まれば、そこに生産力の飛躍的発展が見られないはずがないからですが、共産主義社会では、生産手段ばかりではなく消費財も公有になります。そして唯物史観によると、そこに「能力に応じて労働し、必要に応じて受けとる」社会が生まれるのですが、社会がこの段階にまで発展すれば、階級抑圧機関である国家もなくなります。この段階ではもう抑圧すべき階級はなくなり、すべての階級がなくなっているからですが、だからこそマルクス主義哲学は、このような共産主義社会の段階（共産主義の第二段階）において初めて、人間のすべての解放が行われ、「各個人の自由な発展が、すべての人々の発展にとって条件となるような社会」が誕生すると主張するのです。

つまり、唯物史観によると、人間が自己を解放するためには資本主義という社会のしくみの変革（＝社会革命）が必要なのであり、社会主義社会は、階級社会と人間のすべての解放が行われる社会との分岐点なのです。そして、マルクス主義哲学によると、資本主義社会から社会主義社会への移行は人間の良心や理念のみでは不可能です。ましてやブルジョアの財布と同情を期待することはまったく無意味としか言いようがありません。だからこそマルクス主義哲学は、人道主義的な立場から資本主義社会を批判したり、為政者や富裕者の援助に頼るマルクス以前の社会主義者を「空想社会主義者」と呼んで自らの立場を「科学的社会主義」と自負するのですが、社会主義社会を打ち立てるには、階級闘争、すなわち労働者階級の革命的実践という手段しかない。だからこそ、マルクス主義哲学は「万国の労働者階級は団結せよ！」と叫ぶのですが、そうなると資本主義社会を社会主義社会へと移行させる担い手としての役割を果たす労働者階級の価値は至上のものとなります。そして、個々の労働者のその労働者階級という全体社会に対する忠誠の義務も飛躍的に拡大することになるのです。

マルクス主義哲学がレーニンやスターリンを招き寄せた

マルクスが亡くなったのは一八八三年です。当然のことながら、マルクスはロシアにおいて社会主義国家が誕生したことは知りません。しかし唯物史観の論理から考えれば、社会主義国家が成立した後も、労働者階級という全体社会が人間社会における至上の価値を持つということに変わりはないでしょう。労働者階級は社会主義国家が誕生した後は、今度は社会主義社会（共産主義の第一段階）を共産主義社会（共産主義の第二段階）へと押し進めなくてはならないからですが、そして個々の労働者のその労働者階級に対する忠誠の義務にも変わりないのだと思います。

マルクス主義哲学は、労働者階級に対する忠誠の義務＝個々の労働者の解放という論理構造を持った革命思想を作り上げました。となると、後は全体主義的思考方法をとる民衆が存在し、全体主義を強制する政治が行われれば、全体主義社会がもたらされてしまうということになります。マルクス主義哲学を支持した労働者の数は膨大なものであり、したがって全体主義的思考方法をとる民衆の数も膨大なものでした。そして、全体主義を強制する政治はレーニンがそれを行い始めました。しかもすでに述べたように、レーニンは革命の判断権を民衆から奪ってしまうような組織論を考えていたのです。ですから、そこに社会主義国型全体主義が生まれないはずはありません。

ロシア革命が行われた際に、レーニンを始めとする革命の指導者たちが個々の労働者に対して求めた忠誠の義務は膨大なものだったのだと思います。労働者階級という全体社会を代表していたのはその指導者たちだったからですが、ところがその指導者たちに対する忠誠の義務は、革命が成功した後にさらに増大してしまいました。なぜならば、革命が成功した後の社会主義社会（国家）では、革命の指導者たちがその社会主義国家の権力者となり、国家権力を用いて忠誠を強要したからです。

しかも、マルクス主義哲学の教えにしたがって資本家階級との階級闘争を行っていると自負しているその権力者は、社会主義国はその社会主義国の転覆を企てている資本主義国に包囲されていると主張したのです。そしてその包囲している資本主義国および国内における資本主義分子は必ず反革命を企て、さらに社会主義国への侵略をもくろんでいるというのです。

そうなると、社会主義社会（国家）を資本主義者の反革命から守ることは個々の労働者の神聖な義務になります。したがって社会主義革命成功後は、労働者階級の国家である社会主義国家の価値はさらに高まり、その社会主義国家に対する個々の労働者の忠誠の義務もさらに拡大します。そこで、その後は労働者階級の利益を名目とした労働者の弾圧が始まったのです。そして、権力者の意図にしたがわない者は「反革命」を行う人間とされ、そこでそれがスターリンの粛清につながることになったのです。

先に私は、「社会主義国型全体主義国家はマルクス自身の哲学そのものがもたらした。したがって、レーニンやスターリンはマルクスから生まれ、そしてマルクス主義哲学がそのレーニンやスターリンを通じて全体主義社会をもたらした」と述べました（六二頁）。そしてそれは、マルクス主義哲学が持つこの全体主義の論理構造がレーニンやスターリンを招き寄せたと考えるからなのです。

ヒューマニズムを神髄とする疎外論マルクスがどうして人間の尊厳を否定したのか

これまで私は、マルクス主義哲学がヘーゲル哲学の論理構造を受け継いでいることを述べてきました。今度は、マルクス主義哲学がヘーゲル哲学から受け継いでいる思考方法について考えてみたいと思います。それは、本質存在としての人間を起点とする思考方法という問題ですが、このことに関しては今まであまり問題にされてはきませんでした。しかし私は、社会主義国型全体主義があれほどの人権侵害を引き起こし、人間の尊厳性をあれほど否定してしまった原因の半分はこの問題にあると考えています。

徐々にではあっても社会主義国の現実が知られ始め、唯物史観が歴史的に妥当しないことが分かり始めた頃、わが国におけるマルクス主義者の間でも、経済学マルクス（後期マルクス）より疎外論マルクス（前期マルクス、青年マルクス）の方が重要だという主張が行われるようになりました。たぶんそれは、資本主義経済における経済分析に基づいた歴史的決定論や唯物史観の誤りの責任をエンゲルスに押しつけ、そのことによってマルクスだけは聖域として残しておきたいという意識の表れだったと私は思うのですが、だからこそ彼らは、エンゲルスに出会う前のマルクスの疎外論に示される人間中心主義（ヒューマニズム）こそマルクス主義の神髄だと主張したのです。

マルクスは、人間の本質を労働に求めます。意識的・自覚的に行われる労働によって、人間は自分の能力を生産物の中に表現し、そのことによって自己を実現すると考えるからですが、またマルクスは、他の人間と協力して行う労働によって、人間は類的（社会的）存在としての自己を確認し、社会的連帯を実現すると考えます。したがってマルクスは、人間にとって労働は元来自己実現や創造の喜びであり、社会的連帯を実現するはずのものだと考えるのですが、ところがマルクスは資本主義社会に労働の疎外（疎外された労働）を見、そこに人間疎外（自己疎外）を見ます。

この場合、疎外という言葉はもともとヘーゲル哲学の用語で、自分の内にあるものが外化《がいか》し、それが自分に対立する他者となって現れることを意味するのですが、ですから人間疎外（自己疎外）とは、人間に属したものや本来なら人間のために存在するものが人間の手から独立して、逆に人間を支配することを意味します。

マルクスは資本主義社会における労働の疎外を四重の疎外という形で捉えます。まず最初は「生産物からの疎外」ですが、人間が労働した結果生み出された生産物は、本来なら生産した人間およびその人間をふくむ社会のものです。ところが、資本主義社会では生産物は資本家のものであり、労働者が労働すればするほど生産物を販売する資本家の利潤は上がり、労働者の側はその労働者どうしで競争を強いられます。したがって疎外論マルクスの考えでは、資本主義社会では労働者によって生産された生産物が逆に労働者を支配することになるのです。

そこで「労働からの疎外」という二つめの側面が現れます。資本主義社会においては、本来喜びであるはずの労働が、生活維持のために仕方なく行う強制労働となり、労働が苦しみになっていると考えられるからですが、また疎外論マルクスは資本主義社会に「類からの疎外」を見ます。資本主義社会では、本来社会的連帯を実現するはずの労働が労働者どうしの軋轢を生むものになっており、労働することによってかえって社会的連帯感を失う結果になっていると考えるからですが、そこで疎外論マルクスはその資本主義社会の労働に「人間の人間からの疎外」を見ます。資本主義社会においては、人間の本質である労働がかえって人間性を失わせ、人間性喪失の原因となっていると考えられるからですが、つまり疎外論マルクスによると資本主義社会は、労働の疎外を通じて人間疎外をもたらす社会でしかないのです。資本主義社会は人間疎外をもたらす！

そうなると資本主義社会における人間疎外（自己疎外）を克服する道は、労働者が資本主義社会を自分の手で否定し、変革する以外にありません。そこで疎外論マルクスは、労働者階級が革命を起こして共産主義社会を目指さなくてはならないと主張するのですが、確かに疎外論マルクスは人間中心主義（ヒューマニズム）に基づいており、もしかするとこの疎外論こそがマルクス主義哲学の神髄なのかもしれません。

しかしそれでは、ヒューマニズムを神髄とするマルクス主義哲学に基づいて成立したはずの社会主義国でどうしてあれほどの人権侵害が起こったのか。どうして人間の尊厳性があれほどに否定されてしまったのか。

ファシズム型全体主義が膨大な人権侵害を引き起こし、人間の尊厳をあれほど否定してしまったことの理由は、ある意味で簡単です。ファシズム型全体主義は最初から英米型の自由主義や個人主義の否定を公言しており、そのことをそのまま行ったからにすぎないからですが、しかし社会主義国の権力者は、資本家階級に関してはともかく、少なくとも労働者階級に関しては人間の尊厳を認めており、だからこそ労働者の人間としての解放を謳っていたのです。それなのにどうして労働者をも含んだすべての人間の尊厳性が否定されてしまったのか。

本質存在としての人間を起点とする思考方法は規格外の人間を作り出す

問題は、疎外論自体の思考方法にあるのだと私は思います。そしてそれは、マルクス主義哲学がヘーゲル哲学から受け継いでいる本質存在としての人間を起点とする思考方法の問題です。疎外論マルクスは、本質存在としての人間を起点とする思考方法をヘーゲル哲学から受け継いでいます。もちろん何を人間の本質と考えるかに関しては、ヘーゲルとマルクスは異なります。ヨーロッパ哲学、特に近代以降のヨーロッパ哲学の伝統にしたがってヘーゲルは人間を理性的存在と考えます。そしてヘーゲルは、絶対精神の自己実現という形でその考え方を人間以外の客観的世界や歴史をも含めた膨大な体系に仕上げるのですが、マルクスは人間の本質を労働と捉えます。そして、その労働する人間を起点として考えます。

最も根本的問題は、人間はその本質を規定できるかということです。確かに、人間が理性的存在、労働する存在という一面を持っているということは言えるでしょう。実存、すなわち現実存在としての私自身のことを考えても、たぶん私は理性的な一面を持っており、労働によって自己を実現するという一面をも持っています（ただし私は、働くことによって類的存在であることを意識したことはほとんどないのですが……）。しかし、この私が理性的人間とか、労働する人間という言葉でその本質を規定されてしまうとなると、私は、それは私ではないと言うしかないでしょう。なぜなら、現実存在としての私は、この私自身ですらその本質を規定することが不可能な存在でしかないからです。私は、私自身でさえ自分の本質を規定できない！　したがって人間は、たぶんそのような人間の一面を表す言葉で規定されるほど単純な存在とは言えないのです。ですから、人間はもしかするとそれが本質なのかもしれないと思われるような一面を持っているということ以上のことは、やはり言えないと考えるしかありません。

人間の本質規定を行うことは、そのこと自体が不可能なことなのです。それなのにヘーゲル哲学も疎外論マルクスも、そのことを行おうとする。そして、その人間の本質規定を起点として思考を始める。ということは、規格できないものを規格化していることを意味します。そしてそのことは同時に、規格に当てはまらない人間を規格外の人間とすることを意味します。つまり、本質存在としての人間を起点とする思考方法は、本質存在に当てはまらない人間を「人間として不完全な者」あるいは「人間でない者」と見なしてしまうのです。ですから、そのような思考方法が様々な問題を引き起こさないわけにはいきません。

まず最初に、そのような思考方法は、民衆の間に本質規定に当てはまらない人間に対する差別意識をもたらします。規格に当てはまらない者、人間として不完全な者……。例えばヨーロッパ近代哲学の伝統にしたがって人間の本質を理性的と捉えると、理性的ではないとされる人間は、人間として劣っている存在と見なされます。そしてそのような人間は、周りの人間から侮蔑の目で見られ、多くの場合差別されます。カントが女性を蔑視していたということは、かなり有名な話なのですが、その理由は、カントが女性や子どもを理性的ではないと見なしていたからです。ですから女性や子どもは長い間、尊厳なる人間とは見なされませんでした。

人間の本質を労働と規定するマルクスの疎外論は、人間を理性的存在と規定すること以上に、人々に差別意識や排外意識をもたらすのだと私は思います。なぜなら、労働しない人間は、人より劣った人間というよりも「人に食べさせてもらっている人間」、「社会に寄生している人間」という意識を人々に与えるからです。そして、もしそのような本質規定にマルクス主義哲学における剰余価値あるいは剰余労働の考え方が加われば、それは働かない者と見なされる資本家は「人に働かせてその上前をはねる人間」という意識を人々に与えるでしょう[17]。ですからそのような本質規定は、差別意識を越えて、資本家と見なされる人間に対して憎悪や敵意を抱く民衆を生み出さざるをえません。特に、自分が一生懸命働いても生活が良くならないと考えている労働者は、そのような感情を持たざるをえないのではないでしょうか。

マルクス主義哲学はヒューマニズムを保障する社会を作ることはできない

このように本質存在としての人間を起点とする思考方法は、その本質規定に基づいて生まれた人間像に当てはまらない人間を規格外の人間として差別する民衆を生み出します。そしてそれはさらに、その本質規定に基づいた人間像に応じた社会像（国家像）を描き出し、規格外とされた人間を政治の世界で抑圧します。そのような社会像（国家像）に基づいて生まれる現実の社会（国家）を通じてですが、例えば理性的人間像に基づいて生まれた近代ヨーロッパ市民国家は、理性的でないとされた女性や労働者を長い間抑圧し続けました。女性や労働者が長い間選挙権を与えられていなかったのはその好例ですが、また近代以降の欧米人が地球規模で行った植民地支配を当然としたのは、自らを理性的人間と捉え、未開地域とされる地域の人間を理性的ではないと見なしたからであるに違いありません。

人間の本質を労働とする思考方法は、労働する人間像に基づいた社会像（国家像）を作り出しました。そして、そのような社会像（国家像）は、働かない者に対する激しい憎悪や敵意を持った民衆に支えられているため、文字通り「働かざる者は食うべからず」の国家を作り上げました。したがって、その「働かざる者は食うべからず」の国家が働かない者と見なされる資本家階級を抑圧したのですが、しかし、問題は、その抑圧の対象とされる人間が本当に資本家階級だけに収まったのかということです。

全体主義の思想が描く社会像（国家像）は、本質存在としての人間として許容される人間の範囲をさらに狭めます。その結果、規格外とされる人間の範囲が増えることになるのですが、例えば全体主義思想としてのヘーゲル哲学が描く社会像（国家像）は、その本質存在としての人間として許容される人間の範囲を狭めました。ヘーゲル哲学は人間の本質を理性であると考えています。ですからヘーゲルは理性的人間像に基づいてその社会像（国家像）を描くのですが、その描かれた社会像（国家像）は「人倫国家」という現実の国家とはかけ離れた社会像（国家像）です。絶対精神が弁証法という形でそのような国家をこの世界に実現させると考えるからですが、となるとヘーゲル哲学が許容する理性的な人間の範囲は、たぶんその「人倫国家」を認めることができる人間に限られてしまいます。人間が国家を通じないかぎり無価値な存在であることを認める人間。人間が国家の命ずるまま戦争に参加することによってしか倫理的健康を保てない存在であることを認める人間。しかも、そのことが人間の自由であることを認める人間……。そして、それ以外の人間は理性的な人間ではなく、規格外の人間です。

そして、その全体主義の思想によってもたらされた現実の全体主義社会（国家）には、思想の段階では想定されていなかった人間に対する規格が入り込むこともあります。なぜなら、現実の全体主義社会（国家）では、どの範囲の人間が規格内の人間で、どの範囲の人間が規格外の人間かを決めるのは、結局は全体主義を強制する政治を行う権力者が決めることになるからです。そして、全体主義的思考方法をとる民衆がその許容する人間に対する規格を支持する。

全体主義の思想であるヘーゲル哲学と、全体主義的思考方法をとる民衆と、全体主義を強制する政治を行うムッソリーニやヒットラーが結びついてイタリアのファシズム国家やドイツのナチズム国家が生まれました。もちろんファシズム国家やナチズム国家がヘーゲルの人倫国家のような倫理性を持っていたわけではないでしょう。そして、例えばユダヤ人を排斥するというヒトラーの考え方も、もちろんヘーゲル哲学から生まれたものではありません。ですからヒトラーの反ユダヤ主義は、ある意味でたまたまヘーゲル哲学に紛れ込んだものでしかないのですが、しかし、現実の全体主義社会（国家）においては、どの範囲の人間が規格内の人間で、どの範囲の人間が規格外の人間かは、結局は全体主義を強制する政治を行う権力者が決めるのです。

ですから、ナチズムがユダヤ人を排斥したのは、ヒトラーがユダヤ人は規格外の人間であると決めて、全体主義的思考方法をとる民衆がそれを支持したということでしかないのですが、しかし規格外の人間を排除するという思考方法は、まさに本質存在としての人間を起点とするヘーゲル哲学が行っている思考方法そのものです。したがってそれは、全体社会としての国家や民族から規格外の人間を排除するという思考方法において、それはやはりヘーゲル哲学の延長上にあると考えることができるのです。

マルクス主義哲学も本質存在としての人間を起点とする思考方法であり、全体主義の思想です。

ですから、それは全体主義社会（国家）としての社会主義国家をもたらし、そのもたらされた社会主義国家が労働しないと見なされる規格外の人間を弾圧しました。しかも、マルクス主義哲学によって描かれる国家像は、支配階級が被支配階級を抑圧する暴力装置というものです。ですから、そのような国家像に基づいた社会主義国家がどれほどの力を持って規格外の人間を弾圧したかは、想像するに難くはないでしょう。

全体主義思想としてのマルクス主義哲学が描く社会像（国家像）も、労働する人間として許容される人間の範囲を狭め、その結果、規格外とされる人間の範囲を増やしていきました。マルクス主義哲学の思い描く社会像（国家像）の中に精神労働と肉体労働の区別が無くなった社会という考え方があります。わが国でも良く耳にした主張ですが、しかし私は、このあまりにも現実離れした社会像（国家像）を背景にして、中国における文革期の下放運動やカンボジアにおける大虐殺が行われたのではないかと考えています。つまり、あまりにも精神労働に偏って生活をしている人間は矯正しなくてはならない。だから、そのような人間を農村に送って肉体労働をさせる。

もしかすると、私の考え方はあまりにも穿ちすぎた考え方なのかもしれません。しかし、マルクス主義哲学の社会像（国家像）に基づいて生まれた現実の社会主義国においても、労働する人間と労働しない人間の範囲は、結局は権力者が決めたのです。そして結局は、権力者の言うことを聞かない労働者すべてが弾圧されました。そこで現実の社会主義国家においては、その抑圧の対象とされる人間は、結局は資本家階級だけには収まらなかったのです。

（4）新しい実存主義（「新」実存主義）と全体主義

今後の社会変革の担い手となる思想

今まで述べてきたようにマルクス主義哲学は全体主義の思想、すなわち全体主義社会・国家をもたらす思想でした。ですからマルクス主義は、たとえそれが二〇世紀における世界中の社会変革の主たる担い手であったとしても、もうこれからはそのような役割は果たせません。

そこで、世界史は今後の変革の担い手となる新たな思想を必要としているのですが、ところが今までマルクス主義を批判してきた主張が今後の社会変革の担い手となりうるかと言うと、そうではありません。なぜならそれらの主張のほとんどは、言ってみれば「反共のための反共論」だったからです。もちろん、それらの主張は、少なくともマルクス主義者よりは社会主義国型全体主義国家を正確に分析していました。マルクス主義は変革の思想にはなりえない。いや、それどころか、それは労働者を牢獄国家に縛りつける思想だ！

しかし、それらの主張のほとんどは、マルクス主義哲学が批判する資本主義の害悪を温存、あるいは隠蔽するという側面を持っていました。資本主義経済による労働者の人間の尊厳性の侵害、あるいは労働者階級に対する資本家階級の支配……。そして、ソ連の崩壊後は、その資本主義の害悪が再び増加しています。社会主義超大国ソ連が消滅してしまったことによって資本主義がどのような害悪をまき散らしても、もう革命は起こらないという状況が生まれてしまったせいですが、そのため現在では新自由主義（新保守主義）が蔓延し、ある意味でマルクス主義哲学の用いる原生的労働関係という労働環境が復活しているかのような状況も見受けられます。低賃金、長時間労働、権力的労資（使）関係……。そして現在では、マルクス主義とは異なる理念に基づいた福祉国家の理念も後退しています。その結果、わが国では福祉政策や労働組合運動を敵視する言論も復活している！

現在世界中の至る所で貧富の格差は拡大し、特にアメリカでは上位一％の人間が持つ資産は、下位九〇％の人間が持つ資産の総量より多いと言われています。上位一％の人間の持つ資産が、下位九〇％の人間の持つ資産より大きい！　ですから、現在資本主義社会はＦ・ルーズベルトが行ったニューディール政策以前の社会に引き戻されてしまっているのです。しかし反共論はそのことを隠蔽している！

また、わが国の反共論のほとんどは、資本主義の害悪を隠蔽するばかりではなく、戦前の日本への回帰を目指す立場から行われてきました。そして、そのような主張を行う人々がわが国における現在の右傾化を引き起こしているのですが、戦前の日本はファシズム型全体主義国家です。ですから、わが国の反共論のほとんどは、言ってみれば全体主義を批判するのに全体主義を根拠にしているのです。

今後の社会変革の担い手となる思想は、資本主義の害悪を克服しようとしたマルクス主義の意図だけは引き継ぐものでなくてはなりません。資本主義の害悪から労働者の人間の尊厳性を守ることが今後の社会変革にとっても重要な課題でないはずはないからですが、そして、それは階級至上型全体主義ばかりでなく国家（あるいは民族）至上型の全体主義をも批判できるものでなくてはなりません。社会主義国型全体主義とファシズム型全体主義を別のものとして捉え、それぞれを別に批判するものではなく、両者を同じ全体主義として批判できるものでなくてはならないのです。ですからそれは階級至上型全体主義を生み出したマルクス主義哲学と国家あるいは民族至上型全体主義を生み出したヘーゲル哲学の双方を批判できるものでなくてはなりません。つまり今後の社会変革の担い手となる思想は、すべての全体主義の克服を意図するものでなくてはならないのです。

また、今後の変革を担う思想は、当然のことながら市民革命の理念を継承するものでなくてはならないと思います。身分制社会であった前近代社会の害悪の残滓は放置されてはならず、そこでそれは自由や平等や基本的人権などの理念を受け継ぎ、さらにそれを発展させなくてはならないのです。そして、今後の社会変化を担う思想は戦争と平和の問題の解決を目指すものでなくてはならないでしょう。人類は前世紀（二〇世紀）に二度にもわたる世界大戦を経験しました。しかし、その犠牲者数の未曾有な大きさにかかわらず、人類はその解決の糸口を見いだしてはいません。したがって、もしある思想が戦争と平和の問題の解決を追究したものではないとしたら、それは今後の変革を担う思想とは言えないのです。

哲学から変えなくてはならない

資本主義の害悪の克服、すべての全体主義の否定、市民革命の理念の継承、戦争と平和の問題の解決、これが現在のところ考えられる今後の変革を担う思想の課題ですが、本章の冒頭で私は、「人間を起点とする社会哲学」と結合した新しい実存主義がこれからの変革の主たる担い手になると述べました。しかし実を言うと、「人間を起点とする社会哲学」と実存主義との結合などということを考える以前から、私はそのようなことを考えてきました。ですから「人間を起点とする社会哲学」はもともとマルクス主義に替わってこれからの変革の担い手となる思想を作るという私の考え方の下に生まれたものなのです（もっとも、「人間を起点とする社会哲学」という呼び名を用いたのは、前著『右傾化に打ち克つ新たな思想――人間の尊厳に立脚した民主主義の発展を』の時からですが……）。しかし、それではどうして私は「人間を起点とする社会哲学」とこれまでの実存主義が結合して新しい実存主義になることが必要だと考えたのか。

その理由は、社会変革は哲学から変えないと不可能ではないかと考えたからです。本書の第1章で私は「哲学から変えないと日本は（そして世界は）変わらないのではないかと考え始めた」と書きました。それは、人間の（あるいは民衆の）思考方法が変わらなくては世界は変わらないのではないかと考えたということですが、例えば、全体主義社会の今後の出現を阻止するという問題を考えると、そのためには全体主義的思考法をとる民衆の思考方法が変わらなくてはなりません。そして、その思考方法が変わった民衆が全体主義を強制する政治を阻止しなくてはならないのです。

「哲学から変える」と言うことは、二つのことを意味します。その一つは、本質存在としての人間を起点とする思考方法をとるこれまでのヨーロッパ哲学を変えるということです。そしてそれは、ヘーゲル哲学をも含む理性的人間像に基づくヨーロッパ哲学とマルクス主義哲学を変えるということですが、それでは、人間（民衆）の思考方法はどのように変わらなくてはならないのか。それは、本質存在としての人間を起点とする思考方法から実存、すなわち現実存在としての自分自身を起点とする思考方法に、です。そして、人間の尊厳に基づいた社会を作り上げるための思考方法を確立する（日本人の思考方法に関しては、次章で詳しく扱います）。

そこで、ここで本質存在としての人間を起点とする思考方法がどのように人間の尊厳を侵していくか、その論理的過程をもう一度確認しておきましょう。

本質存在としての人間を起点とする思考方法は、その人間の本質規定に基づいてある一定の人間像を描きます。そしてその人間像に当てはまらない規格外の人間を作り出します。人間として不完全な者、人間ではない者……。したがってそれは、その規格外の人間を差別する民衆を生み出します。

また本質存在としての人間を起点とする思考方法は、さらにその規格化された人間像に応じた社会像（国家像）を描き出します。そして、そのような社会像（国家像）に基づいて生まれる社会（国家）を通じて、規格外の人間を現実の政治の世界で抑圧します。例えば近代市民国家では、理性的ではないとされた女性や労働者が抑圧されました。発展途上地域の人間は、やはり理性的人間ではないと見なされて、欧米国家の植民地にされました。そして社会主義国家においては、労働しない人間と見なされた人間が弾圧されたのです。

本質存在としての人間を起点とする思考方法が全体主義の思想と結びついた場合は、その全体主義の思想が描く社会像（国家像）が、規格内として許容する人間の範囲をさらに狭めます。その結果、規格外とされる人間の範囲が増えることになるのですが、その増大した規格外の人間は、全体主義社会（国家）によって弾圧されます。

そして全体主義思想が描く社会像（国家像）は、すべての人間に規格化されきった人間の生き方を押しつけます。例えばヘーゲル哲学がすべての人間に押しつける人間の生き方は、人間が国家を通じないかぎり無価値な存在であることを認めるような人間の生き方です。国家の命ずるまま戦争に参加することによってしか倫理的健康を保てない人間の生き方、そのことが自由であることを認めるような人間の生き方……。それは、言ってみれば、海に向かって突き進むレミングのように、ただひたすら集団にしたがい、ただひたすら戦争に向かって突き進む人間の生き方です。またマルクス主義哲学が私たちに押しつけてくる生き方は、労働者階級に奉仕するという人間の生き方です。社会主義革命のために闘うという人間の生き方、資本家階級が行う反革命の陰謀から社会主義国家を防衛するという人間の生き方……。

全体主義社会・国家の下では、規格化されきってしまった人間しか存在できません。みんな同じ考え方をする人間、みんな同じ行動をとる人間……。そのような社会・国家の下では、たとえその人間がいなくなったとしても、すぐに他の人間で置き換えることが可能です。

そして、全体主義社会・国家では、どの範囲の人間が規格内の人間で、どの範囲の人間が規格外の人間かを決めるのは、結局は全体主義を強制する政治を行う権力者です。だからこそ、そこにユダヤ人を排斥するというヒトラーの考え方さえもが入り込む可能性があったのですが、規格化されきってしまった人間の生き方の押しつけは、全体主義的思考方法をとる人間が大量生産されることを意味します。そしてその大量生産された全体主義的思考方法をとる人間が、他の人間に自分と同じ生き方をするように強制する。

もう人間は「人倫国家」や社会主義国家によって縛られたり、犠牲を強いられたりしてはならないのです。そして、もう人間は、全体主義社会・国家を生み出してはなりません。ですから私たちは、これまでのヨーロッパ哲学をもう変えなくてはならない！

「哲学から変える」ということが意味するところのもう一つは、実存主義を変えるということです。キルケゴールは、ヘーゲルの膨大な哲学大系の中に現実存在としての自分自身がいないと考えて、ヘーゲル哲学を批判しました。そして、現実存在としての自分を起点として発想し、人間の真実存在を追究しました。そこで、キルケゴールは実存主義の始祖となるのですが、しかし本質存在としての人間を起点とする思考方法が人間の尊厳を侵すという問題を考える時にすぐ気づくのは、人間の尊厳は、そのような思考方法から生まれた社会像（国家像）によって、より大きく侵害されるということです。そのような思考方法から生まれた社会像（国家像）に基づく社会・国家が規格外とされた人間の尊厳を侵す。全体主義の思想と結びついたそのような思考方法から生まれた社会像（国家像）が、規格外とされる人間の範囲を増やす。

ところが、キルケゴールは、ヘーゲルの社会像（国家像）に関してはそれを特に問題にすることなく、結果的にはその社会像（国家像）を受け入れた形で人間の真実存在を追究しました。そこで、キルケゴールは従来の哲学における思考の体系から自分の生き方に関する部分を外そうとしただけでしかないと考えられるのですが、「人間を起点とする社会哲学」と結合した新しい実存主義は、自分自身の生き方に関してばかりでなく、社会や国家や歴史を考える際にも実存主義的発想から始めます。ですから、あるべき社会の社会像（国家像）に関しても現実存在としての自分を起点としてそれを提起しようとするのですが、現実存在としての自分自身の心の中には「かけがえのない他者」を思いやる自己が存在します。そのため「人間を起点とする社会哲学」と結合した新しい実存主義はまずその「かけがえのない他者」（あるいはその「かけがえのない他者」を思いやる自己）から思考を始めます。

そして、「人間を起点とする社会哲学」と結合した新しい実存主義は、その「かけがえのない他者」の問題を社会哲学の中で考え、その「かけがえのない他者」の普遍原理化を図ります。自分だけの「かけがえのない他者」を考えるのではなく、すべての人間の「かけがえのない他者」のことを考え、そのすべての人間にとっての「かけがえのない他者」がすべての人間から「かけがえのない存在」として扱われるような社会のあり方に関する普遍原理を求める。ですから、当然そこには人間の尊厳原理や人権概念の普遍化の問題が生まれてきます。そこで新しい実存主義は、そのようにして生まれた人間の尊厳や人権概念が保障されるようなあるべき社会を考えるのです。そして、人間は、そのような社会を他の人間とともに作っていくために、主体性を発揮する。

「人間を起点とする社会哲学」と結合した新しい実存主義の意図するところは、簡単に言えば、人間は自分を起点として考えてもいいということです。そして、個人哲学（人間が自らのあるべき生き方を追究する哲学）に関しては、自らの生き方は自らが主体的に決めてもいいということです。理性的人間という決められた生き方をしなければならないのではなく、労働する人間という決められた生き方をしなければならないのではなく、自らの真実存在は自らが決めていい。もちろんこの場合、その生き方には他者の人間の尊厳を侵さないという条件がつくにはつくのですが、しかし他者の人間の尊厳を侵さないという条件の下でなら、人間は自らの生き方は、自らが主体的に決めればそれでいい。

そして、社会哲学（社会のあるべきあり方を追究する哲学）に関しては、人間は、自分にとっての「かけがえのない他者」を起点として考え始めてもいいということです。自分の可愛い子どもから、自分の大事な恋人から……。そして、その自分にとっての「かけがえのない他者」を起点としてあるべき社会の社会像（国家像）を描いてもいいということです。既存の社会像（国家像）や歴史観を抗することのできないものとしてただ受け入れるのではなく、自分たちが生きている社会（国家）の社会像（国家像）は自分たちが主体的に描いていく。そしてすべての人間にとっての「かけがえのない他者」がすべての人間によって「かけがえのない存在」として扱われるような社会を目指し、そのような社会を他の人間とともに作っていく。

そしてそれは、自分にとっての「かけがえのない他者」を起点とする思考方法によって、これまでの社会を作り変えてもいいということを意味します。本質存在としての人間を起点とする思考方法によって作られている社会を、全体主義的思考方法によって作られている社会を。そして、もちろん封建的思考方法（身分制社会における思考方法）によって作られている社会を……。

ですから、「人間を起点とする社会哲学」と結合した新たな実存主義の意図するところは簡単なことでしかありません。しかし、今までの哲学にはそのような考え方がない。だからこそ、私たちは哲学から変えなくてはならないのであり、だからこそ、「人間を起点とする社会哲学」と結合した実存主義は、マルクス主義哲学に替わって今後の世界史における主たる変革の担い手になるのです。

全体主義は独裁とも民主主義とも両立する

本論考の最後に、全体主義に関連する言葉の整理を行っておきたいと思います。まず全体主義という言葉と独裁という言葉の関係についてです。

最も重要なことは、全体主義は独裁者を生み出す可能性が高いということです。なぜなら全体主義を強制する政治は、少なくとも一定期間は全体主義的思考方法をとる民衆によって熱狂的に支持される可能性が高いからです。先に私は全体主義の一般的論理構造というものを示しました。それは「国家、民族、階級などの個人に対して全体と見なされる社会に対する忠誠の義務が、同時にその社会成員の自由、解放、正義、進歩、使命、誇りなどをもたらす」というものですが、全体主義の思想は、国家に対する忠誠の義務＝自由とか、労働者階級に対する忠誠の義務＝解放とかいう論理を持っています。ですから全体主義は、少なくとも一定期間は、自由や解放を求める大多数の民衆の熱狂的な支持を獲得します。だからこそ、全体主義的思考方法をとる民衆は、全体主義社会におけるリーダーを独裁者として絶対的に支持する可能性があるのです。

全体主義は、独裁という言葉とは矛盾せず、かえって多くの点で共通する側面を持っています。そのため全体主義社会の問題は、これまでは多くの場合独裁とか独裁者とかという言葉で扱われてきました。ヒットラーやムッソリーニの独裁、スターリンの独裁のようにですが、しかし私たちは、全体主義社会の問題を独裁という言葉ではなく、やはり全体主義という言葉で扱う必要があります。なぜなら、独裁という言葉で全体主義社会の問題を扱うと、全体主義社会の問題が独裁者の資質や生い立ちの問題にされてしまうことが多いからです。したがって全体主義社会をもたらした責任の問題も、その独裁者個人の責任とされてしまう可能性が高いのです。

全体主義社会の問題を全体主義という言葉で捉えると、その責任はその全体主義社会に加担した全体主義的思考方法を行う民衆にまで広がります。そして、全体主義をもたらした思想の問題にまで広がります。もちろん全体主義社会の問題を独裁という言葉で捉えても、全体主義的思考方法を行っていた民衆にはその独裁者を支持した、あるいは選んだという責任は残ります。しかし、その場合も、その責任はその独裁者がそんな人間であり、そんなことを行っていたとは知らなかったということで回避できます。私たちは知らなかった。私たちは、知っていたら支持しなかった。そして主たる責任は、やはり独裁者（日本の場合は軍部）にあるとされてしまうのです。

全体主義社会の問題を全体主義という言葉で捉えると、全体主義的思考方法をとった民衆は、始めからその全体主義社会の加担者であり、人間の尊厳を侵害した当事者なのです。そして、その加担者が独裁者を支持し、選んだ。ですから、その加担者としての責任は最後まで残り、その加担者としての反省が必要とされるのです。

次に、全体主義と民主主義という言葉の関係です。一般に全体主義と民主主義はお互いに対立する概念だと考えられています。しかし、全体主義という言葉は、ある意味で民主主義という言葉とも両立します。

民主主義という言葉は英語のデモクラシーの訳語ですが、その語源はギリシャ語のデモクラティアです。この場合デモクラティアのデモは民衆（あるいは人民）のことであり、クラシーは支配とか権力とかを意味します。ですから、民主主義とは民衆が支配する、民衆が権力を握って支配するということを意味するのですが、そこで民主主義という言葉は多くの場合、「民衆の支配」あるいは「多数者の支配」という意味で使われます（「多数者の支配」という言葉は、民衆が支配している以上、それは当然多数者が支配しているという意味で使われます）。しかし、もし民主主義の本質が「民衆の支配」「多数者の支配」のみで規定されるとしたら、全体主義は民主主義に含まれます。なぜなら全体主義は、少なくとも一定期間は民衆、したがって大多数の人間の支持を獲得することができるからです。

今述べたように、全体主義は、少なくとも一定の期間は、全体主義的思考方法をとる民衆による絶対的支持を獲得します。したがってその全体主義は独裁者を生み出す可能性があるのですが、民衆の大多数がその独裁者を支持する。ですから、もし民主主義が「民衆の支配」「多数者の支配」の意味しか持たないとしたら、民主主義は全体主義と両立するのです。そして、それは独裁や独裁者という言葉とも矛盾しない。だからこそ、ヒトラーは民主主義という言葉そのものは否定しなかったのであり、「行動に対してすべての責任を完全に引き受ける義務を負っている指導者を自由に選ぶ、真のゲルマン的民主主義」を唱えたのです[18]。

「民衆の支配」は、市民革命期においては人民主権として主張されました。人民＝民衆が国家における最高の権力を握って支配するという意味ですが、この場合、人民とは市民革命に至るまで一方的に支配されていた第三身分を表します（人民主権は、国民主権とも言われます。その場合には第三身分こそ国民すべてであるという論理が存在します）。ということは、人民主権という言葉は全体主義社会を招き寄せる危険性を秘めているということを意味します。もちろん、人民主権の概念が身分制社会を否定する強力な革命理論となったということは事実です。そしてそれが近代民主主義にとって、なくてはならない基本的理念となっていることも事実です。しかし、それが全体主義社会を招き寄せる理念になりうることも事実であり、だからこそ、その理念がロベスピエールによる恐怖政治を招き寄せた。そう考えることができるのです。

市民革命の直接の後継者であることを自認していた社会主義国にあっては、この人民主権がプロレタリアート独裁という言葉になりました。労働者階級(=プロレタリアート)がすべての権力を握るという意味ですが、この場合、独裁という言葉は権力の集中を意味します。したがって、プロレタリアート独裁は、労働者が権力を握って支配すること――プロレタリアート民主主義を意味するのですが(民衆を一方的被支配者と考えれば、社会主義国における民衆は、革命前の被支配階級であった労働者階級や貧農をさすと考えられます)、だからこそ、そのプロレタリアート民主主義(=プロレタリアート独裁)は社会主義国型全体主義と両立した!

つまり、民主主義という言葉は本質規定を必要としているのです。民主主義という言葉は独裁とも、全体主義とも両立する。ですから、全体主義社会の出現を阻止しようと意図する以上、民主主義は「民衆の支配」「多数者の支配」という言葉で表されるだけでは足りません。そこで「人間を起点とする社会哲学」は「民衆の支配」の目的に「民衆の解放」が存在することを指摘し、その「民衆の解放」が基本的人権で表されることを主張するのです。ですから、私たちは、たとえ権力者がいかにも民主主義者のように振る舞ったとしても、その権力者の用いる民主主義という言葉の意味をしっかりと見極めなくてはならないのです。

註

（1）ストローブ・タルボット編、タイムライフブックス編集部訳『フルシチョフ回想録』（タイムライフブックス、一九七二年）、付録４「フルシチョフ秘密演説全文」、五七四頁。

（2）Ａ・ソルジェニーツィン著、染谷茂訳『自由への警告』新潮社、一九七七年、六〇～六一頁。

（3）一九六八年のチェコ事件の際に、次のような壁新聞の文句が見られたと言います。――「反革命？　お前のことだ」（『戦車と自由――チェコスロバキア事件資料集２』みすず書房、一九六八年、五一頁）。

（4）かつて私は「悪しき革命」になってしまっている現実の社会主義国について、その「悪しき革命」の状態をもたらした原因がマルクス・レーニン主義の革命理論の中に存在することを述べ、現実の社会主義国において革命と反革命を判断する根拠とされていた組織原則、階級、社会主義経済体制（所有）の三つの「革命の基準（規準）」の問題を吟味しました。そこで「人間を起点とする社会哲学」における人権革命の考え方が生まれたのですが、そのことに関しては『国家は戦争をおこなっていいのだろうか』（すずさわ書店、一九九二年）の六八～九八頁を参照していただければと思います。

（5）ただし、マルクス主義あるいはそのマルクス主義哲学から生まれたマルクス・レーニン主義が植民地にされた地域における民族解放闘争に関して有効であったことは、歴史的事実でしょう。中国やベトナムはそのマルクス主義哲学あるいはマルクス・レーニン主義に基づいて民族の独立を勝ち取ったのであり、そしてそのことは中国やベトナムの民衆における基本的人権の拡大や民主主義の進展にも密接に関係します。しかし民族の独立を達成した後は、基本的人権の拡大や民主主義の発達に関するマルクス主義哲学とは別の論理を採用しないかぎり、その地域には全体主義社会が残ってしまうことになるのです。

（6）ルソー著、井上幸治訳『社会契約論』（『世界の名著30　ルソー』中央公論社、一九七六年）、二三一頁。
（7）前掲、ルソー著、井上幸治訳『社会契約論』、三五六頁。
（8）清水博・山上正太郎著『世界の歴史10、市民革命の時代』（社会思想社、現代教養文庫、一九八九年）、一四〇頁より再引用。
（9）前掲、清水博・山上正太郎著『世界の歴史10、市民革命の時代』、一四〇頁より再引用。
（10）フランス革命を起こしたフランス人は、もしかすると民族至上型全体主義の考え方をも持っていたのかもしれません。なぜなら、ジュネーブ生まれのルソーはフランス人至上の意識は持っていなかったとしても、フランス革命を起こしたフランス人にはフランス人の国家、フランス人民の意識の方が強く存在していたかもしれないからです。
（11）へーゲル著、長谷川宏訳『歴史哲学講義（上）』岩波文庫、一九九四年、七三頁。
（12）へーゲル著、藤野渉・赤澤正敏訳『法の哲学』（『世界の名著35　へーゲル』中央公論社、一九七六年）、五八三頁。
（13）「ザ・ドクトリン・オブ・ファシズム」の英文は http://www.worldfuturefund.org Mussolini-THE DOCTORIN OF FASCIZM を参照。なお、本論文の日本語訳に関しては、アッボ著、斎藤敏訳『西洋近代政治思想――人物とその思想』（理想社、一九六三年）、二九一頁の訳にしたがいました。
（14）前掲へーゲル著、長谷川宏訳『歴史哲学講義（上）』、四一頁。
（15）前掲へーゲル著、藤野渉・赤澤正敏訳『法の哲学』、五九七頁。
（16）雑誌『文學界』で行われた「近代の超克」論議に関しては、拙論「民主主義の発展と『近代の超克』」（『人間学紀要42』上智人間学会、二〇一二年、『右傾化に打ち克つ新たな思想』所収）参照。
（17）剰余価値あるいは剰余労働の考え方は、一言で言えば、資本家は賃金以上に労働者を働かせ、その上前分を利潤として自分のものとするという考え方です。

（18）アドルフ・ヒトラー著、平野一郎・将積茂訳『わが闘争（上）　Ｉ民族主義的世界観』角川文庫、一九九一年、一四〇頁。

第3章　日本人はあの戦争で何を反省しなくてはならなかったのか
――日本型全体主義の考察

もう戦争という言葉に逃げてはいけない

この論考では「日本人はあの戦争（第二次世界大戦）で何を反省しなければならなかったのか」という問題を考えてみたいと思います。その理由は、あの戦争で反省すべきだったことを反省しなかったために、日本人はわが国におけるこれほどまでの右傾化を許してしまったと考えられるからです。だから日本人は、それを今反省しなくてはならない。つまり、今の日本人あるいはこれからの日本人が反省しなければならないことを考えるために、あの戦争で反省しなかったことは何かを考える、それがこのテーマを設定した理由です。

もう大分前のことになりますが、『平和権』（すずさわ書店、一九九五年）という本の中で私は、あの戦争の体験は日本人にとっては「戦争体験」、ドイツ人にとっては「ナチス体験」だったと書きました。一口に戦争を体験したと言っても、その体験の内容や受け取り方はそれぞれの国民によって異なると考えたからですが、当時の日本では（そして今の日本でも）日本人は被害者意識ばかりで、ドイツ人に比べて加害者意識がたりないという主張がかなり見られました。しかしそれは「戦争体験」と「ナチス体験」の差からきている面もあり、そこで私はその本の中で「『ナチス体験』も『戦争体験』もそれぞれが意味をもっており、日本人はその『戦争体験』に従って戦争そのものを否定する道を追求し、ドイツ人はその『ナチス体験』に従ってそのような政治体制を否定する道を追求することでともに歴史に寄与すればそれでいいのではないか」と述べました(1)。

しかし、これほどまでの右傾化に直面して私は、日本人が「戦争体験」を語ることによって戦争や戦前の日本の政治体制に反対していること自体を問題にしなくてはならないと考えるようになりました。なぜなら、そう語ることによって日本人は「戦争」という言葉の中に逃げている面があるからです。もちろん、「戦争体験」を語ることによって、日本人はあの戦争に参加した自分を反省しました。そして「戦争そのもの」、「戦争ができる国家」を否定し、戦争が行われることのない日本と世界を求めました。それが日本国民の戦後の「感覚」であり、今まで私はその「感覚」に言葉を与えようとしてきたのですが、しかし当然のことながら私は、日本人が戦争という言葉に逃げてきたことにも気づいていました。

「戦争体験」に関するテレビ番組や新聞記事はほとんど同じパターンで構成されています。まずその「戦争体験」の過酷さや戦争の悲惨さ・非人道性などが語られます。そして「戦争は良くない、だから戦争はもうしてはならない」という形で終わるのですが、しかしそこには何かが隠されています。何が隠されているか。

それは、日本人が全体主義的思考方法を行っており、したがって日本人は戦前・戦中の日本型全体主義社会の加担者だったという事実です。そして、そのことは日本人が実は戦争中はあの戦争を支持していたという事実につながります。もちろんテレビ番組や新聞記事では、日本人の多くはあの戦争には最初から反対していたという論調で語られています。「戦争には反対だった。でも、反対できなかった」――しかし、それはたぶん嘘であり、日本人のほとんどは日本型全体主義が推進していたあの戦争を支持していました。

日本人が戦争に反対するようになったのは戦後のことでしかありません。その理由は日本人の「戦争体験」が被害者としても、また加害者としてもあまりにも過酷なものだったからなのですが、つまり、テレビ番組や新聞記事には戦争に反対するようになった日本人ばかりが強調され、それ以前の全体主義的思考方法をとり、戦争を支持していた日本人が出てこないのです。

「すべては戦争が悪かった」、「戦争は良くない」……。しかし自らの戦争責任の問題に関しても、戦争のせいではなかったことはたぶんたくさんあります。そして、自らが戦前の全体主義社会の加担者であったことは、たぶん戦争のせいではありません。つまり日本人は、自らが日本型全体主義の加担者であったという事実を隠すために戦争という言葉を隠れ蓑にしてきたのです。ですから私は「一億総懺悔」という言葉には、国民の側もそれに乗ったという側面が存在するのだと思います。もちろん、「一億総懺悔」という言葉は、為政者の側が自らの責任を覆い隠すために用いたと言われています。しかし、自らが戦前・戦中の全体主義社会の加担者だったという責任を逃れるために、国民の側もその言葉に乗った、そういう面があったことは必ずしも否定できないのです。

日本人が戦争という言葉を隠れ蓑にして自らの責任から逃げてきたということは、心理学で言うところの防衛機制（反応）という側面は持つでしょう。自らの戦争責任と戦前・戦中の全体主義社会の加担者だったという事実をそのまま認めることは、自らの自我が損なわれるかもしれないほどにつらすぎる。そのため、自らの自我の安全を守るための合理化の手段として、戦争という言葉を隠れ蓑として用いる。たぶんそれはそれで仕方がない面があるとは思います。

しかし、日本人が戦争という言葉の中に逃げていることが現在の右傾化を招き寄せており、そしてその右傾化が日本をして再び全体主義社会に向かわせたとすれば、もしかするとそれは再び戦争を招き寄せるかもしれません。なぜなら、戦争が全体主義社会をもたらしたのか、全体主義社会が戦争をもたらしたのかという問題を考えると、たぶん全体主義社会が戦争をもたらした可能性の方が高いからです。だからこそ、私たちは現在、戦前の日本人が全体主義社会の加担者だったことも問題にしなくてはならないのであり、したがって、今の日本人が反省しなくてはならないものは、戦前の日本人における全体主義的思考方法です。

一言付け加えます。それはドイツ人と日本人の加害者意識の問題ですが、ドイツ人の加害者意識が日本人のそれと比べて強かったということは、日本人に比べてドイツ人の方が倫理的に優れているということではたぶんありません。そしてそれはたぶん、全体主義社会の加担者だったという事実から逃げることに関して、ドイツ人の方がずっと難しかったからだと思います。ドイツ人は、ナチズムがドイツ全体を覆い尽くしたことの責任をできるだけヒトラーという独裁者の問題にしようとしてきました。ですから、ドイツ人も全体主義社会の加担者だったという事実から逃げようとしてきたのですが、しかしユダヤ人をあれほど殺してしまったという事実の重みは、その責任をヒトラーに押しつけて済ませるほどに小さなものではなかったのです。だからこそ、ドイツ人は日本人に比べてはるかに強い加害者意識を持たざるをえなかったのであり、日本人以上に加害者としての責任を反省せざるをえなかった、そう考えられるのです。

絶対君主至上型全体主義

日本人は、戦前の日本人の全体主義的思考方法を反省しなくてはならない。日本人は、戦前の日本人が全体主義社会の加担者だったことを問題にしなくてはならない。それでは、日本型全体主義はどのようなものだったのか。

日本型全体主義がファシズム型全体主義、すなわち国家至上型あるいは民族至上型全体主義の一種だったことは確実です。なぜなら、戦前・戦中の日本人は国家のために死ね、民族のために死ねと言われたからです。しかし、あの戦争で日本人は、天皇のために死ねとも言われました。したがって、日本型全体主義においては、天皇にも至上の価値が与えられていたのです。日本型ファシズムは、一般に天皇制ファシズムと呼ばれるのですが、戦前、すなわち明治維新から敗戦に至るまでの日本における天皇の地位は、世界史で言えば絶対君主に相当するのだと思います。

そのように考える理由の一つは、天皇は憲法によって絶対的権力を与えられており、侵そうと思えば国民の基本的人権を（したがって国民の人間の尊厳を）いくらでも侵すことができたからです。大日本帝国憲法は、その第一条において「大日本帝国ハ万世一系ノ天皇之ヲ統治ス」、第四条において「天皇ハ国ノ元首ニシテ統治権ヲ総攬シ此ノ憲法ノ条規ニ依リ之ヲ行フ」と謳っており、またその第一一条において「天皇ハ陸海軍ヲ統帥ス」と謳っています。

もちろん大日本帝国憲法下の天皇は、ヨーロッパにおける絶対専制君主や啓蒙専制君主のようにその権力を行使していたわけではありません。専制という言葉は君主の恣意的な政治を意味します。そのため大日本帝国憲法下の天皇は専制君主とは言えないのですが、また戦前の日本にはその大日本帝国憲法という憲法が存在し、司法・立法・行政という三権も分立しています。ですから大日本帝国憲法制定後の日本には、一見すると近代的な立憲国家が存在し、そして立憲君主である天皇が統治していたように思われます。

しかし、大日本帝国憲法はヨーロッパの後進国であったプロイセンの憲法をモデルにしたものであり、君主権の制限を目的として制定されたものではありません。それは条約改正を行うために立憲国家の体裁を整える必要から生まれたものであり、そして、近代的な立憲主義に基づいているかどうかのポイントは国民の基本的人権が保障されているかどうかにあります。なぜなら近代憲法には人権原理（国民の基本的人権を保障するための原理）と統治原理（国家の組織・作用などの統治に関する根本原理を定めた原理）が存在し、そして人権原理の方が統治原理の目的になっているからです。

ところが、大日本帝国憲法の基本的人権は、始めから人間の権利ではありません。それは臣民の権利であり、しかもその臣民の権利には法律の留保がついています。つまり議会が憲法の下位規範である法律を制定しさえすれば、その臣民の権利はいくらでも制限できるのです。さらに大日本帝国憲法では、臣民の権利を停止できる天皇の戒厳大権や非常大権も謳われています。

大日本帝国憲法の臣民の権利は外見的人権宣言（一見すると国民の基本的人権が保障されているように見える人権規定）でしかありません。ですから大日本帝国憲法下の立憲主義は外見的立憲主義でしかないのです。そこで国家は国民の基本的人権、さらには人間の尊厳を侵そうと思えばいくらでも侵すことができたのであり、したがって戦前の天皇は近代的な立憲君主ではなく、実質的には絶対君主なのです(2)。

私が戦前の日本における天皇の地位が世界史で言えば絶対君主に相当すると考える理由は第二に、その天皇の地位は皇国主義（皇国史観）によって絶対的権威を与えられているからです。大日本帝国憲法は、その第三条において「天皇ハ神聖ニシテ侵スヘカラス」と謳っており、先に述べた第一条において「大日本帝国ハ万世一系ノ天皇之ヲ統治ス」と謳っています。それは天皇は神（天照大御神）の子孫であり、わが国はその神の子孫である天皇が統治する国だということを意味するのですが、皇国主義は、ヨーロッパにおける王権神授説に相当するのだと私は思います。なぜなら、日本における皇国主義もヨーロッパにおける王権神授説も君主の権威を神によって根拠づけようとしているからですが、しかし、たぶん戦前の天皇に与えられている権威の大きさは、ヨーロッパにおける絶対君主よりもっと大きかったと言えるでしょう。

戦前の天皇に絶対的権威を与えた皇国主義の最大の特徴は家族国家観と呼ばれるものですが、それは日本社会における家父長制に基づいています。そして、その家族国家観によると天皇は大家長であり、臣民は天皇の赤子《せきし》です。となると、この家族国家観のもとでは家長に対する「孝」は大家長である天皇に対する「忠」と直結します。そのため皇国主義の下では「忠孝一致」が謳われ、国民の祖国を思う心も「忠君愛国」になってしまうのですが、ヨーロッパにおける王権神授説は、一人ひとりの国民と絶対君主を直接結びつけるものではありません。王権神授説は、その王権がローマ法王や封建領主の権威と権力の上にあることを主張するものでしかないからですが、だからこそ、その皇国主義によって戦前の天皇は、ヨーロッパにおける絶対君主あるいはそれ以上の絶対的権威を与えられていると考えられるのです。

私が戦前の天皇の地位が世界史で言えば絶対君主に相当すると考える理由は第三に、天皇が国民国家成立の時期に見られたナショナリズムの高揚を背景に民衆の絶対的支持を獲得しているからです。ヨーロッパにおいて絶対主義の時代は、中世領邦国家が崩壊して国民国家が成立した時代です。そのため絶対主義国家が成立したことによって、ヨーロッパにおいても民衆の間にナショナリズムが高揚するのですが、そのためそれまで封建領主に対して求められていた忠誠心が君主に集中します。

そこでヨーロッパにおける絶対君主は民衆の間に高まったそのナショナリズムを背景に民衆の絶対的支持を受けるようになるのですが（ヨーロッパの絶対君主がその専制的性格から民衆の支持を失うのはもう少し後のことです）、日本の明治維新は、ペリーが来航してからたった一五年で達成されました。徳川幕府や各藩がバラバラに対応したのでは日本が植民地になってしまう可能性があったからですが、明治維新によって近代的統一国家が成立します。そこで日本においてもナショナリズムが高揚するのですが、日本が植民地にされるかもしれないという危機感を背景にしているがゆえに、そのナショナリズムの強さは、たぶんヨーロッパ諸国におけるそれ以上のものだったに違いありません。ですからその統一国家の君主である天皇に対する支持の大きさも、ヨーロッパにおける絶対君主に対する支持以上のものだったと考えられるのです。そこで明治維新後の天皇は、ヨーロッパにおける絶対君主以上に国民の絶対的支持を受けた、そう考えることができるのです。

天皇に与えられた絶対的権力、絶対的権威、そして国民の絶対的支持……。だからこそ私は、戦前の天皇は世界史における絶対君主に相当すると考えるのですが、ところで、全体主義は絶対君主の存在と両立するのでしょうか。

今述べたように、絶対君主と考えられる天皇は日本国民（民衆）の絶対的支持を受けています。

もちろん君主である以上、天皇が国民によって選ばれるということはありません。しかし、もし日本の民衆がその君主たる天皇の至上性を国家あるいは民族の至上性と一体のものとして考えるとすれば、そこに絶対君主の存在を前提にした国民国家という国家、あるいはその国民国家を形成する民族に至上の価値を与えた全体主義が生まれます。つまりそこに絶対君主の至上性と国家至上型あるいは民族至上型全体主義が結合した全体主義が生まれるのですが、先ほども述べたように、それは国家至上型あるいは民族至上型全体主義に含まれる全体主義です。しかしその全体主義にはその前提として至上の価値を持つ絶対君主が存在する。(3)

前章において私は、全体主義は独裁と両立すると述べました。また民主主義という言葉が「民衆の支配」という意味しか持たないのであれば、全体主義は民主主義とも矛盾しないと述べたのですが、そして全体主義という言葉は、絶対君主という言葉とも矛盾しないのです。絶対君主の至上性と結合した国家至上型全体主義あるいは民族至上型全体主義。そこで、私はそのような全体主義を絶対君主至上型全体主義と呼ぶことにします。

日本型全体主義の担い手は誰か

日本型ファシズムは絶対君主至上型全体主義、すなわちヨーロッパにおける絶対君主に相当する至上性を持つ天皇と国家至上型あるいは民族至上型全体主義が結合した全体主義です。しかし、その日本型ファシズムの中心的担い手は天皇だったのでしょうか。イタリアにおけるファシズム国家はムッソリーニが作り上げました。ドイツにおけるナチズムはヒトラーと同一視されています。ところが日本型ファシズムの中心的担い手は、一般には天皇ではなく、軍部だと言われています。どうしてでしょうか。

そこで私たちは、全体主義社会が成立するための要素の問題から考える必要があるのですが、前章で述べたように、全体主義社会が成立するための三つの要素は全体主義的思考方法をとる民衆の存在、全体主義の思想、全体主義を強制する政治の三つです。そこでまず全体主義的思考方法をとる民衆の存在に関してですが、戦前の日本においては、日本人のほとんどが全体主義的思考方法をとっていたと言ってもいいでしょう。だからこそほとんどの民衆は、たとえ戦後は戦争反対を唱えようとも、戦前・戦中は日本の行う戦争を支持していたと考えられるのです。ですから日本型全体主義においては、全体主義的思考方法をとる民衆はたくさん存在していました。

全体主義の思想、すなわち全体主義社会をもたらす思想に関しては、日本型全体主義の場合は、皇国主義の考え方がそれに当たります。もちろん、イタリアやドイツにファシズム型全体主義社会をもたらしたヘーゲル哲学も日本型全体主義に対して何らかの影響は与えています。しかし、その影響はもっぱら知識人や学生にかぎられており、したがって一般の民衆はやはり皇国主義の影響下にあったと言えるでしょう。

ところで、前章で述べた全体主義の思想が持つ一般的論理構造からすると、民衆はその皇国主義に何を求めたのでしょうか。全体主義の思想が持つ一般的論理構造は「国家、民族、階級などの個人に対して全体と見なされる社会に対する忠誠の義務が、同時にその社会成員の自由、解放、正義、進歩、使命、誇りなどをもたらす」というものですが、日本人にとって全体と見なされた社会は、当然のことながら国家あるいは民族です。そして、皇国主義によると、その国家あるいは民族は天皇の至上性と結合しています。それでは戦前の日本における民衆は、その天皇の至上性と結合した国家や民族に忠誠を誓うことによって何が得られたのでしょうか。

戦前の日本における民衆が求めたものは、ヨーロッパにおける民衆が求めた人間の自由ではありません。そして、それはもちろん労働者階級の解放でもないのですが、戦前の日本人がまず最初に求めたものは、欧米人によって植民地にされるかもしれないという不安からの解放でしょう。そして、それは欧米人に対する劣等感からの解放につながり、さらにそれはだんだん大国意識的なものに変化していきます。ですからそれは欧米人に対する劣等感の裏返しとしてアジア人に対する優越感につながり、さらにアジアを植民地にする欧米人に対する正義や日本人の世界史的使命にまで拡大します。

したがって、戦前の日本における民衆が求めたものは、まず第一に日本国あるいは日本人に帰属することで得られる誇りだったのだと思われます。お国のために尽くせ（それは天皇のために尽くせということをも意味します）、そうすれば一人ひとりの日本人は自らの誇りが得られる。たぶん皇国主義は、そのような形で日本人の要求を満たしてきたのです。そして、戦前の日本における民衆にとっては、たぶん国家あるいは民族に忠誠を誓うことがそのまま自らの正義感や使命感や歴史的進歩に寄与したいという気持ちを満たすことにもつながったのだと思います。だからこそ戦前の日本では、お国のために尽くさない者や天皇に忠誠を示さない者は、国民の誇りや正義感や使命感や歴史的進歩に寄与したいという気持ちを傷つける者となり、そこでそのような人間は国賊として民衆から攻撃を受けるようになった、そのように考えられるのです。

全体主義社会が成立するための要素の三つ目は、全体主義を強制する政治です。となると、日本型ファシズムの中心的担い手は誰だったかという問題は、誰が全体主義を強制したかという問題になります。全体主義を強制したのは軍部なのか。ほかにはいなかったのか。民衆はどうだったのか……。ですから、この問題を考えるにはもう少し日本型全体主義、すなわち絶対君主至上型全体主義について考える必要があります。

絶対君主至上型全体主義の最大の特徴は、前近代的な封建的思考方法が残存していることにあります。時代区分の上では近代に含まれて考えられているものの、ヨーロッパにおける絶対主義の時代は、社会に関してはまだ身分制社会です。そのため権力者の間にも民衆の間にも人間の尊厳や基本的人権に対する意識はそれほど進展していません。

わが国においても、封建的思考方法は強く残ります。いや、わが国の場合は、ペリー来航からわずか一五年で明治維新が行われたのです。ですからそこに封建的思考方法が根強く残っていないはずがないのですが、わが国の江戸時代における政治体制は幕藩体制です。そのため江戸時代にはまだ近代的国民国家は成立してはおらず、各藩の民衆は藩主（お殿様）が直接統治しています。そして、その藩主の下に武士階級が農工商の民衆を支配しており、その武士階級の間にも歴然とした身分的上下関係が存在します。そこで上位の武士は下位の武士に対して絶対的服従を要求するのですが、また民衆の間にもこまごまとした上下関係が存在しました。例えば名主・組頭・百姓代で構成される村方三役と本百姓と水飲み百姓の上下関係、町年寄・町名主・月行事で構成される町役人と町人との上下関係、そしてその町人の中でも棟梁と職人と徒弟の上下関係、お店の主人と番頭・手代・丁稚の上下関係……。

明治維新によって国民国家が成立し、天皇が日本国家の君主になりました。しかし、たぶん民衆の思考方法は江戸時代とたいして変わっていないように思われます。ただ忠誠の対象が殿様（藩主）から天皇に変わっただけ、多分そうだったのだと思われます。そして、人間の上下関係に関する民衆の思考方法もほとんど変わらなかったのではないでしょうか。上の人間（あるいは上と見なされる人間）に対しては服従します。そして下の人間（あるいは下と見なされる人間）に対しては服従を要求します。したがって、下と見なされる人間の尊厳性はほとんど顧慮されることがありません。

天皇を利用する忠臣

ヨーロッパにおける絶対君主に相当する絶対的権力と権威を持った天皇と封建的思考方法が残存する絶対君主型全体主義社会の下では、天皇の存在を利用する人間（勢力）が必ず生まれます。

そしてそのような天皇を利用する人間（勢力）のほとんどは「忠臣」だったと思われます。どうして忠臣が天皇を利用する人間（勢力）になるのか。

封建的思考方法が強く残る社会では忠臣であることが最大の美徳であり、そして皇国主義の思想が日本人に要求したのは、何よりも日本人がこの忠臣になることでした。ですから戦前の日本にはそのような美徳を備えた忠臣はたくさんおり、そしてそのたくさんいた忠臣のほとんどが文字通りの忠臣であったことは嘘ではなかったのかもしれません。

しかし、忠臣が問題となるのは、その忠臣が自分より下位にある人間にも忠臣であることを要求することです。「自分は天皇に忠誠を誓っている、だから自分より下位にある者も天皇に忠誠を誓え」という論理ですが、しかしこの論理に隠されていることは「自分を通じて」ということです。つまり、自分より下位にある人間の天皇に対する忠誠は自分を通じて発揮されなくてはならないということですが、ということは、その忠臣が自分より下位にある者に対して天皇に対する服従を要求する時は、自分に対する服従を要求していることとさほど変わらないことを意味します。

そしてこの場合、忠臣が下位の人間の自分に対する服従を要求する力は、天皇の権力と権威が大きければ大きいほど強くなります。例えば、人間は他の人間に自分のために死ねとはなかなか言えないのですが、絶対的権力と権威を持つ天皇がいれば、天皇のために死ねとは言えます。もちろんそれは天皇のために死ねと言っているのですが、しかしそれは天皇のために死ねと言っている自分の命令を通じて死ねと言っているのであり、そのためそれは、結果的には自分のために死ねということとそれほど変わりがありません。

つまり、封建的思考方法が強く残っている社会において絶対的権力と権威を持っている天皇が存在するということは、忠臣がその君主の絶対的権力と権威を利用して自分より下位にある人間を支配できるということを意味するのです。ですから忠臣にとっては、天皇の絶対的権力と絶対的権威は自らが自分より下位にある人間を支配するための格好の手段です。そしてそれは、言ってみればテレビの水戸黄門の印籠です。テレビの水戸黄門や助さん格さんは、徳川の印籠を見せればその水戸黄門や助さん格さんに逆らう人間までをもいとも簡単に服従させることができます。同様に、その忠臣は天皇陛下のためにという言葉を使いさえすれば、いとも簡単に自分より下位にある人間をしたがわせることができるのです。

だからこそ、天皇を利用する人間（勢力）のほとんどは「忠臣」だったと考えることができるのですが、日本型全体主義において全体主義を最も強制したのは、たぶんこの忠臣です。絶対君主至上型全体主義の下では天皇の至上性と国家あるいは民族の至上性が結合しているからですが、それでは全体主義を強制した忠臣は誰なのか。

現在日本型ファシズムの責任を一手に担わされている軍部が全体主義を強制したのは事実でしょう。確かに軍部は私の言う忠臣、すなわち「天皇に忠誠を誓う者の中で、天皇を利用して自分より下位にあると見なされる人間を支配する者」であり、軍部に対する忠誠を媒介にして天皇に対する忠誠を日本人全体に対して要求しました。そして、統帥権という天皇の権力と権威を利用して全体主義を強制する政治を行いました。だからこそ軍部は、それに参加した人間が必ず死ぬことが確実な神風特攻隊のような作戦を立てることができたのですが（現在、神風特攻隊の「カミカゼ」という言葉は、自爆テロを表す言葉として世界共通語になっています）、しかし私は、天皇を利用した人間（勢力）は軍部だけではなかったと考えています。

その理由は、戦前・戦中の官僚も天皇を利用し、全体主義を強制しているからです。例えば、特高警察を所管している内務省の官僚や、皇国主義に基づいた『国体の本義』（文部省、一九三七年）や『臣民の道』（教學局編纂、文部省、一九四一年）を学校や官庁に配布した文部省の官僚が天皇を利用し、全体主義を強制していなかったはずはありません。また日本中の学校の教員もそのような強制をしていなかったはずはないでしょう。

天皇を利用した忠臣は、たぶん経済界の中にもたくさんいたのだと思います。もちろん経済界の人間は軍人や官僚のように天皇と直接結びついているわけではありません。しかし、絶対的権力と権威を持つ天皇の存在は、企業における人間の上下関係に関わります。自分より下位の人間に対して服従を要求できるからですが、特にそれはすぐさま労使（労資）関係に結びつきます。そして労働運動の弾圧、社会主義運動の弾圧……。治安維持法は一九二五年に制定されています。そしてその治安維持法の制定に戦前のわが国における経済界の意向が反映されていないはずはないでしょう。だからこそ、わが国における戦前の労働組合は結局は解散させられ、大日本産業報国会に吸収されてしまったのです。

そして、一般の民衆の中にも天皇を利用した忠臣はたくさんいました。例えば大政翼賛会は都市部では町内会を、農村部では部落会をその下部組織に持っています。そしてその町内会と部落会の中に隣組が存在するのですが、その町内会や部落会や隣組の有力者は天皇を利用して全体主義を強制しなかったでしょうか。また軍隊に入った民衆のうち、自分の部下や自分より下位と見なされる新参兵に対して直立不動の姿勢をとらせてビンタを食らわせる人間はたくさんいました。通常では他の人間に直立不動の姿勢をとらせてビンタを食らわせるなどということができるはずはありません。しかし、彼にはそれができた。どうしてできたか――それは彼が天皇陛下のためにという言葉を使ったからであり、天皇の忠臣だったからです。つまり絶対君主至上型全体主義の下では、民衆の中にも天皇を利用する人間は、日常的にも必ずや生まれてこざるをえなかったのです。

一言付け加えます。それは日本型全体主義社会が成立した時期の問題ですが、通常それは軍部が台頭した昭和初期前後とされています。確かに軍部が台頭してからは日本全体が全体主義一色、あるいは軍国主義一色に染まってしまったかのような社会が出現しました。ですから、日本における全体主義社会は軍部の台頭した時期に始まったという考え方は、それなりの説得力を持っているとは言えるでしょう。しかし、日本型全体主義社会の開始時を全体主義を強制する政治が行われ始めた時期と捉え、そしてその強制の中に社会全体に対する強制ではなく、学校や軍隊などの特定の集団に対する強制までを含めたとすると、日本型全体主義社会が成立した時期は軍部が台頭した時期をかなり遡らざるをえなくなります。

例えば、わが国における全体主義思想であった皇国主義を日本人の間に浸透させる上で最も功績があったのは教育勅語です。教育勅語は御真影（天皇の写真）とともに各学校に配布され、学校儀式などで奉読させられました。ところが、教育勅語は大日本帝国憲法が制定された年の翌年、すなわち一八九〇年に発布されています。そうなると、日本型全体主義が開始された時期は、少なくとも一八九〇年にまで遡ることになるのですが、そして、教育勅語とともに日本人に皇国主義をしみこませた軍人勅諭は、その一八九〇年以前の一八八二年に発布されており、集会・結社・労働運動を取り締まるための治安警察法は一九〇〇年に制定されています。

ということは、大日本帝国憲法下の政治体制そのものがすでに日本型全体主義社会だったということを意味します。したがって、日本型ファシズムは、大日本帝国憲法が制定された頃にはすでに成立しており、軍部が日本型ファシズムの主たる担い手となった昭和初期は、日本型ファシズムのピークだったにしかすぎないということになるのですが、もちろんそれは全体主義を強制する政治という言葉の捉え方の問題です。

しかし私たちは少なくとも、大日本帝国憲法下の政治体制そのものがすでに日本型全体主義社会の体質を持っていたと言うことはできるでしょう。そして、教育勅語や軍人勅諭が全体主義的思考方法をとる民衆を次々に増やしていくことによって、その体質は日に日に強まり、それが軍部を主たる担い手とする昭和初期の日本型全体主義社会につながった。そう考えることはできるのではないでしょうか。そして、日本型ファシズムの成立時期を昭和初期前後とし、その日本型ファシズムの責任を軍部だけに押しつける考え方には、日本型全体主義社会の責任から逃げようとする軍部以外の当時の支配層の意図が隠されている。そう考えることもできるのではないでしょうか。

絶対君主至上型全体主義社会における人間の尊厳

絶対君主至上型全体主義社会の下では、人間の尊厳の侵害は二つの思考方法によって二重に行われます。一つは全体主義的思考方法によって、もう一つは前近代的な封建的思考方法によって。

前著『右傾化に打ち克つ新たな思想――人間の尊厳に立脚した民主主義の発展を』（明石書店、二〇一四年）の中で私は自己犠牲を強要し合う社会の克服という問題を扱いました。自分たちの仲間のうちお国のために尽くさない者が生まれないようにお互いが監視し合う社会の克服の問題ですが、この問題を取り上げたのは、例えば自分の夫や青年期の子どもを持つ親が、志願したわけでもない自分の夫や子どもを戦地に送り出す時に、町内会の人間が行う万歳に対してお辞儀をしてお礼を言わなくてはならないという異様な光景がどうして生まれたのかということを考えたからです。

そして、この本を書いた頃の私は民衆が全体主義的思考を行っている社会では、自己犠牲を強要し合う社会はどこにでも生まれるだろうと考えていました。そのため、前著ではすぐに個人哲学と社会哲学の分離の問題に論を進めたのですが、しかし、その後そのような社会には、日本型全体主義の特徴がかなり加わっているのかもしれないと考えるようになりました。

ということは、自己犠牲を強要し合う社会は、絶対君主至上型全体主義に関係するということですが、そしてそれは全体主義的思考方法と前近代的な封建的思考方法の二つが関係するということです。全体主義的思考方法の下では、民衆はお国のため、民族のために尽くさなくてはなりません。例えば、文部官僚について述べた際にほんの少し触れた文部省発行の『臣民の道』は「私生活を以つて國家に關係なく、自己の自由に屬する部面であると見做し、私意を恣にするが如きことは許されないのである。一椀の食事、一着の衣と雖も單なる自己のみのものではなく、また遊ぶ暇、眠る間と雖も國を離れた私はなく、すべて國との繫がりにある」(4)と述べているのですが、ところが絶対君主至上型全体主義の下では、その全体主義的思考方法に、人間の上下関係に関する前近代的な封建的な思考方法が加わります。

つまりそれが「臣民の道」ですが、身分に関わる上下関係が社会全体を支配している江戸時代に比べて、明治維新後の日本では平等化が進んだと一般には考えられています。明治維新によって四民平等の世の中になったからですが、しかし先に述べたように、日本人の封建的思考方法にはそれ程の変化は見られなかったように思われます。上の人間（あるいは上と見なされる人間）に対しては服従する。下の人間（あるいは下と見なされる人間）に対しては服従を要求する。

いや、もしかすると明治になって人間の上下関係に関する民衆の思考方法はかえって強まったのかもしれません。なぜなら、人間の上下関係の最上位に絶対的権力と権威を持った天皇が座るようになったからです。至上性を持つ天皇に民衆は絶対に逆らえません。そして民衆は、天皇陛下のためにという言葉を口にする忠臣たちにも逆らえません。忠臣に逆らうことは同時に天皇に逆らうことになるからですが、となると、下の人間が上の人間に服従を要求された場合の服従しなければならない度合いは、かえって強まったことになります。

大政翼賛会はピラミッド型の上下関係を持っていたのですが、大政翼賛会の総裁は首相です。そして、その総裁の下に道府県支部（支部長は知事）、市町村支部（支部長は市町村長）があり、その下部組織として都市部には町内会、農村部には部落会があります。そしてその町内会・部落会の中に隣組（隣保班）があるのですが、このピラミッド型の上下関係の中には至る所に忠臣が存在します。

となると全体主義的思考方法は、江戸時代より強まったかもしれない封建的思考方法とピラミッド型上下関係を通じて社会の隅々にまで広がります。絶対君主至上型全体主義の下では、絶対的権力と権威を持った天皇の至上性と国家あるいは民族の至上性はイコールです。そうである以上、もしお国のためにと誰かが言えば、その言葉に逆らうことは天皇に逆らうこととイコールになります。そして、もしそのお国のためにという言葉を自分より上位にある人間が用いたとしたら、その人間に逆らうことは天皇に逆らうことになります。ですから、その言葉を発せられた人間は断ることが許されず、自分がその犠牲を引き受けなくてはならなくなるのですが、そしてもしそのような言葉を上下関係のない対等の仲間の中の一人が用いた場合にも、お国のためにという言葉が出てしまった以上、もう誰も反対することはできません。そうなると、仲間の中の誰かが犠牲を背負わなくてはならなくなります。

そこで、仲間のうちでも自己犠牲を引き受けない人間が生まれないように監視し合う必要が生まれます。つまり、そこに自己犠牲を強要し合う社会が生まれることになるのですが、たぶんそれは、江戸時代の末端組織である五人組が背負わされていた連帯責任という思考方法が、大政翼賛会の末端組織である町内会・部落会や隣組の中にそのまま継続したものと言ってもいいでしょう。そして、自己犠牲を引き受けない人間には、やはり江戸時代から継続している「村八分」的思考方法でそのような人間を許さない。

このように絶対君主至上型全体主義の下では、人間の尊厳は全体主義的思考方法と前近代的な封建的思考方法の二つの面から侵害されます。そして自己犠牲を強要し合う社会のような人間の尊厳をまったく許さない社会を生み出すのですが、絶対君主至上型全体主義の下では、そもそも自由に思索するという哲学が成立するための前提そのものが許されません。

前章において、私はヘーゲル哲学およびマルクス主義哲学と新しい実存主義（従来の実存主義と「人間を起点とする社会哲学」が結合した実存主義）における思考方法の問題を考えました。本質存在としての人間を起点として考えるか、実存（現実存在としての自分自身）を起点として考えるかの問題ですが、しかし絶対君主至上型全体主義の下にある戦前の日本ではそのような問題は生まれません。

なぜなら絶対君主至上型全体主義下にある戦前の日本では、まず封建的思考方法によって日本人は始めから至上性を持つ天皇の「臣民」として規定されているからです。したがって日本人は臣民としての思索以上のものを行うことができないのですが、さらに日本人は、国家の至上性と結合した天皇の「赤子《せきし》」としても規定されています。ですから日本人は天皇の国家という全体主義的思考方法を離れた思索を行うことも許されないのですが、つまり絶対君主至上型の全体主義社会の下では、現実存在としての自分自身を起点とした思考方法はもちろんのこと、本質存在としての人間を考えるという思考すらも始めから許されてはいないのです。となるとそのような状況においては、最初から「国体」を起点として考え始める以外になく、そこでその論理的帰結は「忠君愛国」と「滅私奉公」しか生まれてこないのです。

もう「国体」を起点として考えてはならない

これまで述べてきたように日本型全体主義は、絶対君主至上型全体主義でした。それでは、日本人は何を反省しなければならなかったのか。もし反省できていなかったとしたら、今何を反省して何をしなくてはならないのか。

一つは、全体主義的思考方法をとり、日本型全体主義社会に加担してしまったことに対する反省です。そしてそれは、まず何よりも、もう私たちは「国体」を起点として考えてはならないということです。戦前の日本人は天皇の赤子とされ、始めから天皇の至上性と結合した国家至上型全体主義社会あるいは民族至上型全体主義社会に組み込まれていました。そのため日本人は始めから国体を起点とした発想を強要され、ですから戦前の日本人は国体を守るための手段でしかありませんでした。

この国体を起点とした思考方法がどれほど日本人の生き方を縛りつけていたか。そして、この国体を起点とした思考方法がどれほど大きな犠牲者を生み出すことになったか。考えてみてください。広島・長崎の犠牲者は、まさにこの国体を起点とする思考方法によって生み出されたのです。そして、ソ連軍によってシベリアに抑留された兵士の犠牲もこの国体を起点とした思考方法によって生まれました。なぜなら、ポツダム宣言が発表されたのは一九四五年七月二六日です。そして、そのポツダム宣言の受諾を日本政府が決定したのは八月一〇日であり、その受諾を回答したのは八月一四日です。ですから八月六日・九日の原爆投下と八月九日のソ連参戦は、この七月二六日と八月一四日の間に起こった出来事です。つまり、日本政府がポツダム宣言をすぐ受諾しなかったがために広島・長崎の犠牲者とシベリアに抑留された犠牲者は生まれたのですが、日本政府は何故すぐに受諾しなかったか――それは国体を守るために、だったのです。

もう日本人は国体を起点とする思考方法によって縛られたり、犠牲を強いられてはならないのです。ですから、日本人は、まず何よりも国体を起点とする発想をやめなくてはなりません。

もちろん現在の日本人のほとんどは、国体を起点とした考え方をしているわけではないでしょう。そして、戦後の日本人は、自らはもう全体主義的思考方法を行ってはいないと考えてきました。しかし戦後においても日本人の多くは、個々の人間の側から発想することをしてはいません。たとえ無意識ではあっても、まず日本という国家や日本人という立場から考えている。だからこそ、日本国家や日本人全体のために個々の人間の尊厳性が無視されたり、軽視されたりしてもあまり気にかけることをせず、場合によっては、日本国家や日本人全体のために自己犠牲を強要することさえあるのです。そしてだからこそ日本人は、日本という国家から、あるいは日本人という全体から考えるというその発想方法を反省しなくてはならないのです。

全体主義的思考方法をやめるということは、マルクス主義哲学を根拠にして戦争や戦前の日本の政治体制を批判するということは間違いだったことをも意味します。前章で私は、わが国の反共論のほとんどは、「言ってみれば、全体主義を批判するのに全体主義を根拠にしている」と述べました。わが国の反共論のほとんどが戦前の日本への回帰を目指す立場から行われてきたからですが、しかしこのことは、ある意味で戦後の日本における革新勢力についても言えるのです。その心酔する度合いに多少の強弱は見られたものの、戦後のわが国における革新勢力は、そのほとんどがマルクス主義をその主張の根拠にしていました。しかし、そのことも「言ってみれば、全体主義を批判するのに全体主義を根拠にしている」ことを意味します。

なぜなら、前章で述べたようにマルクス主義哲学は階級至上型の全体主義社会をもたらす思想だったからです。もちろん、彼らは本当のところはマルクス主義が全体主義社会・国家をもたらす思想であることを理解してはいませんでした。彼らはただマルクス主義を「権威の象徴」として受け入れ、その「いいところ取り」をしていただけであり、マルクス主義が戦前の日本と同様な全体主義社会をもたらすとはまったく考えてはいませんでした。そのため彼らは、知らず知らずのうちに全体主義的思考方法を行っていたということになるのですが、しかし、もし彼らが本当にマルクス主義哲学に基づいた日本の変革を意図したとすれば、たぶん日本は、やはり社会主義国型全体主義に陥ってしまわざるをえなかったでしょう。したがって彼らにはそのような全体主義社会の加担者になる可能性（あるいは、そのような全体主義社会において必然的に繰り返される権力闘争の過程で反革命を志向する人間として粛正される可能性）があったのですが、もちろんたぶん彼らの多くは、戦後の日本人の人権感覚からしてそうなるはずはなかったと主張するでしょう。しかし、本当にそうだったのでしょうか。多分そうではなかったと私は思うのですが、少なくとも私たちはそのことを想像してみる必要はあるのです。

それでは、私たちは何を根拠にして戦争や戦前・戦中の日本を批判するべきなのか。それは、新しい実存主義の立場からです。まず実存、すなわち現実存在としての自分自身を起点として発想する。そして個人哲学（人間のあるべき生き方を追究する哲学）に関しては、自分の生き方は自分で決める。私の学生時代に、学生運動に加わっている人たちの間で「自己批判」という言葉がよく使われました。簡単に言えば労働者階級に奉仕できる人間になるために、あるいは立派な革命家になるために自己批判を行うのですが、しかし、もう私たちは自己批判などを行う必要はないのです。本質存在としての人間を労働する人間と捉え、そこから生まれた社会像・国家像によって人間の生き方が縛られる、そのような思考方法はもうやめた方がいいのです。自分の生き方は自分で決める。ですから、もう人間は自らの生き方は、自らが主体的に決めればそれでいいのです。

そして社会哲学（社会のあるべきあり方を追究する哲学）に関しては、すべての人間がそれぞれにまず自分にとっての「かけがえのない他者」を思いやるのです。そしてその自分にとっての「かけがえのない他者」を起点として、その「かけがえのない他者」がすべての人間によって「かけがえのない存在」として扱われるような社会を考える。それをさらに人間の尊厳や基本的人権という普遍化された理念で考え、すべての人間が「かけがえのない存在」として扱われるような社会を追究する。そしてそのような社会を他の人間とともに作っていくために主体性を発揮する。したがって私たちを支配するために忠臣たちが勝手に作り上げた国体像や、本質存在としての人間という思考方法から生まれた社会像・国家像にしたがう必要は、私たちにはもうまったくないのです。

忠臣はどうして生き残ったのか

日本人が反省しなくてはならなかったことのもう一つは、その封建的思考方法です。そしてその封建的思考方法に関しては、絶対君主として至上性を持っていた天皇に対する思考方法と国民同士に対する思考方法の二つに分けられ、その国民同士に対する思考方法は、さらに自分より上の人間（あるいは上と見なされる人間）に対する思考方法と自分より下の人間（あるいは下と見なされる人間）に対する思考方法の二つに分けられます。

まずヨーロッパの絶対君主に相当する絶対的権力と権威を持っていた天皇に対する思考方法ですが、戦前の日本人は人間ではなく、始めから臣民でした。そして戦後になってその臣民は国民になり、さらに主権者になったのですが、絶対君主として至上性を持っていた天皇は象徴天皇ということになりました。しかし、現在の日本人は果たして自らを主権者としての国民と思えているでしょうか。主権者としての国民は、天皇について語れなくてはなりません。そして場合によっては批判することすらできなくてはなりません。しかし、現在の日本人は、天皇に関してはまだ何も語らない方がいいと考えているのではないでしょうか。ただその人柄や行動を賛美するだけで、それ以外のことはあまり口にしない方がいいと考えているのではないでしょうか。

主権者である国民が自分と天皇との関係を考える上で、最も大きな問題となるのは、天皇を利用する忠臣の存在です。そしてその天皇を利用する忠臣が、ほとんどの人間にとって自分より上の人間（あるいは上と見なされる人間）になるのですが、数年前に私は『「新」平和主義の論理――戦後日本の再構築をめざして』（明石書店、二〇〇八年）および『日本生まれの「正義論」――サンデル「正義論」に欠けているもの』（明石書店、二〇一一年）の中で司馬遼太郎氏の考え方を扱いました。氏の考え方が日本人の思考方法や戦争責任の問題を考える上で重要だと考えたからですが、氏は先次大戦の戦争責任を軍部に求めます。ですから、氏は天皇を利用する忠臣として軍部を考えているのですが、そして氏はその軍部が台頭した理由を大日本帝国憲法の中の統帥権を謳う条文に求めます。統帥権の条文があったからこそ軍部が天皇を利用できたと考えているからですが、そこで氏は、「二度あることはないと思います。統帥権というようなものがあって、このようなことになったのですから。今はもうないのですから、二度あることはないと思います(5)」と述べて、あのような時代はもう訪れないと考えます。

しかし、たぶんそう簡単ではないのです。なぜなら、大日本帝国憲法が成立した時点から、軍部以外にも天皇を利用する忠臣はすでにたくさんいたからです。文部官僚、内務官僚を始めとする官僚層にも、教員にも、経済界にも、民衆の中にも……。だからこそ先に私は、大日本帝国憲法下の政治体制そのものがすでに日本型全体主義社会の体質を持っていたと述べたのですが、また私たちはわが国に全体主義社会をもたらした全体主義思想、すなわち皇国主義のことも考えなくてはなりません。司馬遼太郎氏は、この皇国主義に対しては、「ただ、この太平洋戦争のころに思想的犯人たちがしみこませた皇国主義の油だけは取り除いたほうがいい。日本の歴史のなかで、あの狂躁だけはムダだったと思います(6)」と述べて、それだけは払拭しなければならないと主張します。しかしその皇国主義の油は、たぶん氏が考えていた以上に忠臣の思考方法にこびりついていたのです。

戦前においては、その忠臣が国民に全体主義的思考方法を強制し、そしてその忠臣に対する服従を要求しました。天皇に対する忠誠は自分を通じて発揮されなくてはならないという形でですが、理想論から言えば戦争が終わったその時に、主権者となった国民が天皇を利用した忠臣を批判すべきだったと私は思います。忠臣の戦争責任を。そして、皇国主義を強制したことをも含めて戦前のわが国に全体主義社会をもたらしてしまったことに対する責任を。しかし、当時の国民はそうすることができませんでした。

その理由の一つは、彼らがあまりにも急激に主権者になってしまい、まだ主権者であることになれていなかったことにあるのでしょう。袖井林二郎氏の『拝啓マッカーサー元帥様——占領下の日本人の手紙』（中公文庫、一九九一年）を読むと、当時の日本国民にはまだ主権者としての国民という意識がほとんど生まれていなかったことを痛感せざるをえないのですが、彼らはマッカーサー宛に手紙を書きました。推定約五〇万通もの手紙です。しかしマッカーサーに手紙を書くということは、天皇に代わって出現したマッカーサーという新たな絶対的権力と権威を持った人間にすがっただけのことでしかありません。ですからマッカーサーの言うように、当時の日本人の民主主義はやはり一二歳でしかなかったのであり、天皇を利用した忠臣を批判できるほどの、主権者としての自覚が生まれるにはまだまだ時間が必要だった、そう考えるより仕方がないのです。

戦後の日本国民が「戦争」という言葉に逃げていたことも、天皇を利用した忠臣を主権者となった国民が戦後すぐに批判できなかった理由の一つでしょう。先に述べたように、確かに彼らは戦後になってからは、戦争には反対しました。しかし実のところ、彼ら自身も戦前は全体主義的思考方法をとっており、したがってあの戦争を支持していました。ところが、彼らはそのことを隠そうとしていたのです。――となると、彼らには忠臣を批判することはできません。そのような批判を行うと、たとえ彼ら自身が天皇を利用しなかったとしても、自らが全体主義的思考方法をとっており、あの戦争を支持していたことが露呈してしまう可能性があったからです。だからこそ彼らは「一億総懺悔」という言葉に乗ったのであり、わが国に全体主義社会をもたらした責任を軍部に押しつけた軍部以外の忠臣の考え方にも、たぶん同じ理由から相乗りをしたのです。

天皇を利用してわが国に全体主義社会をもたらした忠臣に打撃を与えたのは、GHQ（連合国軍最高司令官総司令部）が行った戦後の民主化政策・非軍事化政策です。占領軍という絶対的権力を背景にして、ファシズム国家であった戦前の日本を再び連合国に逆らうことのない国に変えるという目的のために行われた政策だったからですが（もっとも連合国とは、結局はアメリカを意味するのですが……）、神道指令、公職追放、極東国際軍事裁判……。マッカーサーの五大改革指令に示される婦人の解放、労働組合の結成奨励、教育制度の自由主義的改革、圧政的諸制度の撤廃、経済機構の民主化。(7) そして、さらにマッカーサー草案の下に行われた日本国憲法の制定。たぶんそれらの政策は、わが国に全体主義をもたらした忠臣に打撃を与える上で、それなりの効果を発揮したと言えるでしょう。

しかし、占領政策として行われた民主化政策と非軍事化政策には、当然のことながらGHQの恣意性がつきまとっていました。「戦勝国の裁判」という言葉があります。極東国際軍事裁判に対してわが国の保守勢力がよく用いる言葉ですが、しかし、それはGHQの占領政策にも言えるのです。保守勢力の用いる意味とは反対方向のニュアンスを持った意味合いでですが、戦勝国アメリカは、その戦勝国アメリカの都合に応じて占領政策を行った。しかし別の都合が生まれると、すぐさまその政策の方向を転換する。だからこそ、GHQの民主化政策・非軍事化政策は、冷戦の開始を受けてすぐさま転換され、そしていわゆる「逆コース」が始まったのです。[8]

まず朝鮮戦争が始まったことによって警察予備隊が設置され、それが保安隊に改組され、そして自衛隊が創設されます。そしてその動きと併行して破壊活動防止法の制定、新警察法の制定、教育二法の制定……。そうなると、天皇を利用する忠臣に対するGHQの攻撃はここで終わることになります。もう天皇を利用する忠臣に打撃を与えることは重要ではない。それよりも、これからは共産主義国ソ連や中国に対抗するためにそのような忠臣を利用することこそ大事だ。――だからこそ、その後極東国際軍事裁判ではA級戦犯とされた岸信介氏（現在の安倍首相の祖父）がわが国の総理大臣になるということまでもが起こったのです。

GHQにおける占領政策の方針転換によって、わが国に全体主義社会をもたらした忠臣は生き残りました。政治家の中にも、官僚の中にも、経済界の中にも、日本軍から替わった自衛隊の中にも、民衆の中にも……。そして、彼らは日本を反共の防波堤にしようと意図するアメリカの意図に乗り、わが国の再軍備と自衛隊の軍備拡大に向かって邁進しました。しかも、自由と民主主義の衣を身に纏ってです。彼らはまるで昔から自由主義者であり、民主主義者であったかのように振る舞いました。よくここまで言葉というものが持つ信頼性を破壊できるなと思えるほどの身の処し方ですが、しかしその結果、彼らは、その後のわが国における保守勢力の中核的担い手となることに成功しました。しかも戦前と同様、わが国における支配層としてです。

主権者たる国民はもう忠臣たちの意図するところを見抜けなくてはならない

忠臣は戦後も支配層として生き残りました。しかし、いくら彼らがまるで昔から自由主義者であり、民主主義者であったかのように振る舞ったとしても、その思考方法には皇国主義の油が染みついています。ですから、日本型全体主義の体質は、戦後も変わっていないのです。たとえ、軍部がその主たる担い手となって日本全体を支配したそのピーク時はすぎたとしても、戦後の日本は、やはり日本型全体主義の体質を受け継いだ国だったのです。

そこで、戦後に生き残った忠臣は、日本型全体主義社会への回帰をもくろむことになります。つまり彼らは、天皇の名を語れば国民全体や自分より下と見なされる人間を支配できる戦前の日本社会への回帰を目指すのですが、そのために彼らが意図したことは、一つには日本国家を国民の国家ではなく、再び天皇の国家に戻すことです。そして、そのためには日本という国家と天皇の関係を再び一体のものとして結びつけることが必要です。日本国家と天皇の関係が近づけば近づくほど、国家の権力者となった忠臣は天皇の権威を背景にして国民を支配できるからですが、もう一つは象徴とされた天皇の置かれている地位を高め、主権者とされた国民の地位を低めることです。天皇の地位が上がり、国民の地位が下がれば、何らかの形で天皇と結びついている忠臣は、自分より下と見なされる人間を支配できます。

忠臣の行う主張には、必ず天皇の元首化の問題と、公益とか公共の秩序とか国の安全とかという言葉で表される国家による基本的人権の制限の問題が含まれています。この場合、元首とは国家の首長であり、英語で言えばヘッドですが、天皇が元首であることが承認されれば、天皇は完全に日本における君主になります。戦後天皇は象徴とされているのですが、象徴という言葉が使われる際の最も重要なポイントは、天皇は国政に関する権能を有しないということです。そこで天皇は君主ではないという考え方も生まれるのですが、その理由は君主とは世襲の元首であり、そして一般には、元首は少なくとも統治権の一部を有すると考えられているからです(9)。ですから天皇が元首であることが承認されれば天皇は完全にわが国の君主ということになり、その結果、わが国は天皇の国家に近づきます。そして天皇の地位は高まり、国民の地位は下がります。なぜなら、たとえ戦後日本の主権者は天皇であるとは言えないまでも、忠臣は国民に、天皇が実質的な主権者であるように思わせることができるからです。

公益とか公共の秩序とか国の安全とかという言葉で国家が国民の基本的人権を制限できるということは、国家の価値を高め、国民の置かれている地位をひき下げることを意味します。そして、その国家が天皇の国家であれば、天皇の地位は高まり、国民の地位は下がります。

日本国家を国民の国家ではなく再び天皇の国家にする、象徴とされた天皇の地位を高め主権者とされた国民の地位を下げるという忠臣の意図を実現する上で、最も重要な役割を果たしてきたのが、いわゆる「君が代」問題です。すなわち入学式・卒業式などの学校で行われる儀式で「君が代」を子どもたちに歌わせるという問題ですが、なぜなら戦後かなりの期間、わが国には忠臣がもくろむ日本型全体主義社会への回帰を進めることができない状況があったからです。戦後かなりの期間は、国民の間にまだ戦争体験が生々しく残っており、また当時のわが国には社会党や共産党を中心とした革新勢力と呼ばれる政治勢力が存在していました。そして、自らの戦争体験によって平和を求める人々の多くはその革新勢力を支持していたのですが、そのため、彼らは再び日本型全体主義社会の体質を強めていくという手段をとりました。

彼らの意図するところを実現するには、天皇の国家に疑いを持たず、天皇という言葉を聞けば素直にしたがう民衆を徐々に増やしていくしかありません。そこでそのための手段が学校で君が代を子どもたちに歌わせるという手法だったのですが、先に私は大日本帝国憲法下の政治体制そのものがすでに日本型全体主義社会の体質を持っていたと述べました。そして、教育勅語や軍人勅諭が全体主義的思考方法をとる民衆を次々に増やしていくことによって、その体質は日に日に強まり、それが軍部を主たる担い手とする昭和初期の日本型全体主義社会（あるいは日本型全体主義社会のピーク）につながったと述べたのですが、ですから、「君が代」問題は、戦前のわが国において教育勅語が果たしてきた役割に相当する役割を戦後果たしてきたと考えられるのです。「君が代」問題に関する私の考え方は、『国民主権に耐えられるか――戦後日本を前進させるために』（すずさわ書店、一九九九年）や「民主主義の発展と『近代の超克』」（『人間学紀要42』上智人間学会、二〇一二年、『右傾化に打ち克つ新たな思想』所収）の中でこれまでも論じてきました。そのため、私の考え方の詳細はその本やその論文をご覧いただければと思うのですが、君が代は「天皇の代よ、永遠に」と歌う歌です。ですから、君が代はわが国が天皇の国家であることを歌っています。そして、「天皇の代よ、永遠に」と歌うことは象徴とされている天皇の地位を高め、主権者としての国民の地位を低めます。そのように謳うことで国民は、この国で最高の価値を有する者は国民ではなく、天皇であることを思わざるをえないからですが、しかも、その君が代を学校で子どもたちに歌わせることを継続的に行えば、時間が経ちさえすれば、そのような思考方法をとる民衆は次々に増えます。

天皇を利用する忠臣――それは主に保守政党の政治家や文科省（かつての文部省）の官僚たちですが――は、学校教育法施行規則に基づく学習指導要領の中に学校で子どもに君が代を斉唱させる旨を書き込みました。しかも、徐々にその強制を強めるように表現を変えて書き込んだのです。そして彼らは、子どもたちに君が代を歌わせることに反対する教員を陰湿に締め上げ続けました。

二〇一一年、公立学校教員に対する「君が代」の起立斉唱を義務づける東京都教育委員会や広島県教育委員会の職務命令に対する最高裁小法廷の合憲判決が次々に出されました。その判決の中で特に重要なことは、最高裁が学校における式典での起立斉唱を「慣例上の儀礼的所作」としていることです。戦前の日本は別にして、戦後の日本では学校における式典で「君が代」が歌われることはほとんどなく、したがって式典での「君が代」起立斉唱は「慣例上の儀礼的所作」ではありませんでした。学校で生徒に「天皇の代よ永遠に」と歌わせることは国民主権の国となった戦後日本にふさわしくないと考える教員の方が多かったからですが、学校での「君が代」起立斉唱が「慣例上の儀礼的所作」と言われるほどに行われるようになったのは、保守勢力や文科省、各都道府県教育委員会および学校長が、学校教育法施行規則に基づく学習指導要領を手段にして、そのような考え方の圧殺を図ったからです。ですから職務命令合憲の最高裁判断は、保守勢力あるいは文科省・教育委員会の「前近代的」手法を追認し、その仕上げをしたにしかすぎないのです。そして、この判決の意味するところは、わが国における最高裁の裁判官も、実は忠臣でしかなかったということ以外にありません。

しかし、日本型全体主義社会の体質を強めていくという忠臣の手法は成功しました。現在若者の保守化が言われているのですが、その若者に保守化をもたらした要因の一つに、学校で子どもたちに「君が代」を謳わせるという忠臣の用いた手法が関連していることは確実です。ですから「君が代」は、戦前のわが国において教育勅語が果たした役割を十分に果たしてきたのですが、そして、その若者の保守化が現在の右傾化の大きな要因になっています。ですから現在の右傾化も「君が代」問題の一つの成果だと考えられるのですが、そこで天皇を利用する忠臣は、現在攻勢を仕掛けています。

例えば、最近天皇について語ることが畏れ多いという考え方の強制が復活しているように思えます。最近皇室関係の報道が急速に増えていると私は思うのですが、そこで気になるのは、あまりにも厳格な敬語の使い方です。現在の皇后は、かつては「美智子さん」と呼ばれていました。ところが、現在はかつては報道されなかったであろう皇族の動静が、厳格な「様付け」で報道されています。ですから、もう現在では皇族の誰かを親しみを込めて「○○さん」と呼ぶ言い方は、もはや不可能になっていることを感ずるのですが、たぶんそれも、天皇を利用する忠臣のマスコミに対する締め付けの結果でしょう。

そして、「君が代」問題は、その強制の範囲が現在国立大学にまで拡大しています。馳浩文部科学大臣（当時）は二〇一六年の二月二一日、岐阜大学の学長が卒業式などで「君が代」を斉唱しない方針を示したことについて、「国立大学として運営費交付金が投入されている中であえてそういう表現をすることは、私の感覚からするとちょっと恥ずかしい」と述べました。卒業式や入学式での国歌斉唱は二〇一五年六月、当時の下村博文科相が全国の国立大学学長らに要請していたのですが、馳文科相は二月二三日の閣議後の記者会見でも「日本人として、特に国立大学として、こういうふうにおっしゃることはちょっと恥ずかしい」と改めて発言を繰り返しています。

この報道を見て私は、「君が代」強制の問題はとうとう大学まで来たかという感想を持ちました。たぶんそれは、二〇一一年の最高裁判決で学習指導要領に関係する小中高校の「君が代」問題が決着したと馳文科相が判断した結果だと思うのですが、この論法からすると「運営費交付金が投入されている国立大」ではすべて「君が代」を斉唱することが望ましいことになります。なんと露骨な日本型全体主義の論法だと私は思うのですが、たぶんそれはいずれ私立大学にも波及することになるでしょう。この論法からすると、私立大学も「日本人として恥ずかしい」ことになるからですが、戦前のわが国における大学に対する全体主義の強制も、国立大学から始まって私学に広がりました。ですから、天皇を利用する忠臣は、まさに戦前と同じ形で全体主義の強制を行い始めているのですが、たぶんそれが大学だけの問題に収まるはずはないでしょう。

主権者としての国民は、もう天皇を利用する忠臣たちの意図するところを見抜けなくてはならないのです。この場合、主権者としての国民は、もう忠臣たちに操られたり、踊らされたりしてはならないのです。そして、その全体主義社会が日本をして再び戦争に向かわせるおそれがあります。もしそれができなければ、日本が再び全体主義社会に陥るおそれがあります。

皇国主義の油は、主権者たる国民がそれを取り除かなくてはなりません。そして、そのためには封建的思考方法を脱却する必要があります。自分より上の人間（上と見なされる人間）には逆らえないということで無批判に上の者に服従する思考方法、主権者たる国民はもうそのような思考方法に「打ち克つ」必要があるのです。そして、もし主権者としての国民の思考方法の中に、自分が忠臣になって他の人間を支配したいと思う心が残っていたとしたら、もちろんその主権者たる国民は、そのような心に対してもそれに「打ち克つ」必要があるでしょう。

そして主権者としての国民は、そのことを行った上で、あるいはそのことを行うのと同時に、天皇について語れなくてはなりません。場合によっては天皇を批判することすらできなくてはならないのです。

天皇はもう利用されてはならない

主権者としての国民は天皇について語れなくてはならず、場合によっては批判することさえできなくてはならないと述べました。そこで、ここで多少私の考えを述べたいと思うのですが、先に私は、日本型全体主義の担い手の問題を扱いました。その時は天皇の問題には触れなかったのですが、明治維新の時は王政復古、天皇親政という言葉が使われました。そして、もし大日本帝国憲法成立後も天皇が親政に近いことを行っていたとしたら、日本型ファシズムの中心的担い手は天皇ということになります。ですから、天皇もわが国に全体主義社会をもたらしたことの責任を逃れることはできないことになるのですが、しかし、ここで私が述べたいことはそのことではありません。わが国に全体主義社会をもたらしたことに関して天皇がどれほど関与していたかは、そのことを判断するための客観的資料が私たちに示されてはおらず、私にはよく分からないからですが、ここで私が述べたいのは天皇と天皇を利用する人間の関係です。

そしてそれは、天皇はもう天皇を利用する忠臣に利用されてはならないということです。日本の歴史をありのままに見れば、古代のある一定期間を除いて、天皇は常に政治的に利用され続けてきました。官位を与える権限を持ってきたからですが、藤原氏の摂関政治、鎌倉時代から江戸時代に至る幕府政治……。しかし戦前（明治維新から敗戦に至るまで）の日本ほど、天皇が政治的に利用し尽くされた時代はありません。それ以前の歴史では、天皇はただ権力者同士の権力闘争の過程で、力のある側の権力者に利用されただけにしかすぎません。ですから、たとえ天皇が利用されたとしても、民衆にはほとんど関係はありませんでした。

ところが戦前の日本では、天皇が政治的に利用されることによって、すべての国民が全体主義社会に組み込まれ、さらにあれほどの犠牲を強いられることになったのです。もちろん、天皇が政治的に利用されることによって日本という近代国家が成立し、そのことによって欧米諸国の植民地になることが防止されたことは確かです。しかし、たとえそうではあっても、戦前の日本ではすべての国民の人間の尊厳が侵されてしまった。

もちろん、天皇は立憲君主として振る舞ったのかもしれません。実際の政治は国務大臣や議会や裁判所に委ねる。だから、天皇は口を出さなかった。そのように主張する人たちもいます。例えば、司馬遼太郎氏もそう考えているのですが、しかし、天皇が保持していた絶対的権力と権威は実際に使われたのです。その絶対的権力と権威は忠臣が用いたのですが、特に軍部は国民に、天皇のために死ねと言い、実際に死なせたのです。

しかし、天皇はそれを止めることはしなかったか、あるいは止めることができなかった。となると、それは、やはり天皇の責任だと私は思います。天皇のために死んだ人間に対して。そして、天皇のためにという言葉を発する忠臣によって何らかの犠牲を被らざるをえなかったすべての人間に対して。

立憲君主として振る舞うことは、何も言わないことではたぶんありません。自分自身に関わることを忠臣たる政治家や官僚が行った場合には、天皇は何かを言わなくてはなりません。ですから、たとえ立憲君主といえども、自分自身に関わることに関しては、天皇は忠臣をコントロールしなければならないのです。そしてもしコントロールすることができなかったとしたら、忠臣が行ったことは天皇が行ったことと同じです。ですから、そのような場合は、天皇は立憲君主ではなく、やはり絶対君主であったと考えるより仕方ありません。

そして、同様のことが今起こっています。「君が代」問題に関しては、もちろん天皇自身がそれを強制しているのではないかもしれません。現在の天皇が二〇〇四年一〇月二八日に開かれた園遊会で「日本中の学校で国旗を揚げ、国歌を斉唱させることが私の仕事でございます」と述べた将棋の棋士米長邦夫氏に「やはり、強制になるということではないことが望ましい」と述べたことは有名な話です（米長氏は当時東京都の教育委員を務めていました）。しかし、「天皇の代よ、永遠に」と歌う「君が代」の強制は、その後も日本中の至る所で行われ続けており、現在ではその強制の範囲が国立大学にまで広がっています。ですから天皇は、天皇を利用する忠臣が天皇自身に関わるこのような政治を行っている場合には、その忠臣をコントロールしなければならないのです。

私は、「君が代」の強制が行われているかぎり、現在の日本は象徴天皇制ではなく、絶対君主制であると考えています。ですから、天皇は君が代の強制は止めさせなくてはならない。そしてそれができなかったら、それは天皇自身が象徴天皇制を維持できないということを意味します。そして、もしそれができないのなら、その時は象徴天皇制そのものを問題にしなくてはならなくなるのではと思います。なぜなら、それが主権者としての国民の責任であると私は考えるからです[10]。

ここで、主権者たる国民と天皇と忠臣との関係を、私が書いた憲法私案にしたがって整理しておきたいと思います。私の憲法私案は、その第2章「国民及び天皇」の中で「①日本国民は日本国の主権者であり、すべての国家権力は国民に由来する。②国民は、この憲法の定めた方法によって、国家権力を行使する」（第44条）と謳って、まず主権者としての国民について述べ、そしてその条文を受けて「天皇は、日本国の象徴であり日本国民統合の象徴であって、この地位は、主権の存する日本国民の総意に基く」（第46条）と謳って象徴としての天皇について規定しています。後半の第46条は、日本国憲法の条文をそのまま用いているのですが、そのような配置にしたのは、国民が主権者で天皇は象徴であることを確認するためには、国民主権に関する条文を独立して新規に謳い、その後に象徴天皇に関する条文を置く必要があると考えたからです[11]。

そして、私の書いた憲法私案は「①国民は天皇を軍事的、政治的に利用してはならない。②天皇を神格化する行為は禁止される」（第54条）と謳って天皇を軍事的・政治的に利用しようとする忠臣の行為を禁止し、さらに「①国旗及び国歌は、法律でこれを定める。②国旗及び国歌を強制することにより、その国旗及び国歌に反対する国民の思想及び信条の自由を侵すことは許されない」（第55条）と謳って国旗及び国歌強制の禁止を規定しています。忠臣が天皇を利用することは許さない。そして、国旗・国歌の問題で忠臣が国民の思想・信条を侵してはならない。そのことを憲法の中に謳っておかなければ、忠臣はまた天皇を利用して日本を全体主義社会に引き戻しかねないと考えたからですが、参考にしていただければと思います。

日本人は沖縄や在日の人たちを下の人間と見ていないか

日本人が反省しなければならなかった封建的思考方法のうち、国民同士に対する思考方法についてです。国民同士に対する思考方法のうち、上の人間（あるいは上と見なされる人間）に対する思考方法に関しては、忠臣に対する思考方法ということですでに述べました。そこで、ここでは自分より下と見なす人間に対する日本人の思考方法の問題です。そして、この問題こそが日本人があの戦争で最も反省しなくてはならなかったことだと私は思うのですが、戦前の日本人は自分より下の者（自分が自分より下と見なす者）には服従を要求しました。そして、そのような人間を平気で手段とし、たとえそのような人間が犠牲を被ったとしても、そのような人間の犠牲はほとんど顧慮しませんでした。

これまで司馬遼太郎氏の話を題材にしてきたので、ついでと言っては何ですが、もう一つ氏の話を題材にしたいと思います。司馬遼太郎氏が戦前における軍部の話をする時に、氏の所属した戦車第一連隊の話が出てきます。戦車第一連隊は戦争末期、本土決戦のために満州から連隊ごと帰ってきて、栃木県の佐野市にいました。東京湾や相模湾などの関東沿岸に敵が上陸すれば出撃するという任務を担っていたのですが、もし敵が上陸したとすれば、家財道具を大八車に積んで栃木県方面に逃げてくる東京都民と任務遂行のために東京方面に出撃する戦車連隊とがどこかでぶつかることになります。そこで氏は、大本営からきた少佐参謀にそのことを質問したのですが、その参謀は「軍の作戦が先行する。国家のためである。轢っ殺してゆけ[12]」と言ったというのです。「轢っ殺してゆけ」……。もちろんこの言葉は、当時参謀にいた人間の言葉です。そしてそれは、江戸時代における民衆の犠牲などまったく顧慮しない武士の態度を連想させるのですが、しかしこのような思考方法は多かれ少なかれ、戦前においては日本人の多くが行っていた思考方法だったのではないでしょうか。下と見なされる人間に対しては、その犠牲を意に介さない。あるいはその犠牲を当然としたり、さらに犠牲を強いることとさえある。そしてそれは、現在の日本人にも見られるのではないでしょうか。

このような言い方をすると、読者の中には反発を感ずる人も出てくるのではないかと思います。そこで、ここで現在の沖縄の人々といわゆる在日韓国人・朝鮮人と呼ばれる人々に対する日本人の思考方法について考えてみたいと思うのですが、ここ数年で私が最も感銘を受けたテレビ番組の一つに『笑う沖縄　百年の物語[13]』という番組があります。この番組は、沖縄の人々にとっては伝説的お笑い芸人である小那覇舞天（ブーテン）、照屋林助の二人と「笑築過激団」、「お笑い米軍基地」などに見られる沖縄における笑いの意味を扱った番組ですが、その中に歯科医になるための勉強をするために上京した若き小那覇舞天（ブーテン）が雨に打たれながら貸し家札を見て怒りにこぶしを握りしめながらたたずんでいるという場面が出てきます。なぜ雨に打たれながら怒りにこぶしを握りしめながらたたずんでいたのかというと、その貸し家札には「チョーセン　リウキウ　をことわり」と書いてあったからです。

なぜ、こんな仕打ちを受けなくてはならないのか！　しかし、ブーテンは歯科医の勉強を続けながら、当時の浅草の芸人に見られた反骨精神を学び、下の者が上の者を笑い、庶民が権力者を笑うという沖縄の笑いの原型を作り出していくのですが、私はこの「チョーセン　リウキウ　をことわり」という貸し家札に書かれた言葉の中に沖縄や植民地の人間に対する戦前の日本人の思考方法が現れていると思います。沖縄や植民地における人間を最も下の人間と見なしている！　だからこそ、日本人は平気で沖縄を日本防衛の捨て石にし、その犠牲に対してさほどの痛みを感じなかった。

そして私は、それが米軍基地の負担のほとんどを沖縄の人間に押しつけてその犠牲を顧みない現在の日本人につながっているとも思います。たとえ無意識であっても、もし現在の日本人が沖縄の人たちを同胞ではなく、自分たちより下の人間と見なしているとすれば、日本人はそのような思考方法を反省する必要がある。そして、さらに自分より下の者に犠牲を押しつけて顧みない

その気持ちに「打ち克つ」必要がある。(14)

そして、もし日本人にそれができなければ、そこには沖縄の独立という問題が出てこざるをえないでしょう。もちろんそれは、沖縄の人々が日本人をもう同胞と見なすことはできないと考えたらという条件の下ですが、沖縄は一四二九年から一八七九年の四五〇年間琉球王国という独立国でした（もっとも一六〇九年に日本の薩摩藩による武力侵攻を受けて以後は、実質的には薩摩藩の支配下に置かれていたのですが……）。それが一八七九年の琉球処分によって沖縄県として大日本帝国に組み入れられてしまったのですが、もしかすると時間の経過とともに沖縄の人々の心には、日本人と一緒にやってもいいという意識が生まれていたのかもしれません。ウチナンチュー（沖縄の人々）もヤマトンチュー（日本人）も同じ日本人であり、同胞だ。しかし沖縄の人々を自分より下の人間と見なすという日本人の思考方法によって、沖縄の人々がやはりヤマトンチューは同胞ではないと考えて独立を望んだとしたら、自らの思考方法を反省できない日本人にはそれを止める権利はありません。

先ほど主権者としての国民と象徴天皇の関係に関する私の書いた憲法改正私案を示しました。そこで、沖縄に関係する私案の条文も示しておきたいと思うのですが、私の書いた憲法改正私案には、「①日本国民は、侵略戦争の加害者にならない権利を有する。②日本国家は、自民族及び他民族の自決権を最大限に尊重する。③植民地支配は禁止される」（第39条）という条文があります。実を言うと、この条文は沖縄の人々のことを念頭に置いて考えたものではありません。しかし現在の沖縄における基地問題に対する日本人の態度を見ていると、もしかするとこの条文は、まさに沖縄の人々に対する日本人の思考方法に反省を迫るための条文として存在するのかもしれない。そのように思うのです。

次に、いわゆる在日韓国・朝鮮人と呼ばれる人々に対する日本人の思考方法についてです。沖縄の人々に対しては、もしかすると今の日本人の思考方法はかなり改善されてきており、したがって日本人は彼らを同朋と見なしているのかもしれません。ですから現在の基地問題に対しては、自分に都合の悪いことは他の人間に押しつけて、自分は関わらないで済ましたいという日本人の日頃の思考方法がこの問題にも現れていると考えることもできるのかもしれません。しかし、在日と呼ばれる人々に関しては、今の日本人の思考方法の中に戦前の思考方法が明らかに残っています。在日韓国人・朝鮮人を自分より下の人間と見なし、しかも最も下位の人間としてみている。

そして、そのような日本人の思考方法が右傾化の進行とともに急激に表面化したのがヘイトスピーチだと考えられるのですが、しかし、たとえヘイトスピーチが禁止されたとしても、たぶんこの問題は解決されないと私は思います。なぜなら、在日韓国人・朝鮮人に対する日本人の思考方法の問題は、わが国に新たな被差別民を作るのかという問題だと私は考えているからです。

なぜそのように考えるか。それは、今後彼らが母国に戻る可能性はほとんどないからです。第一、彼らの中にはもうほとんど母国語を話せない人たちが存在し、そしてそのような人たちは今後一層増えるでしょう。もしそうであるならば、今の状態をそのまま放置しておいたとしたら、今後五〇年も一〇〇年もわが国には在日韓国人・朝鮮人問題が存在し続けることを意味します。そして、今後彼らが母国に戻る可能性がない以上、この問題が解決される可能性はありません。となると、それは、わが国に新たな被差別民が生まれることを意味します。日本という国家の中に日本人が持っている権利を認められていない人間が存在する。

私の書いた憲法私案の中に、「①日本国家は、日本国籍を持たない外国人に対しても、その外国人の人間の尊厳に立脚して対応しなくてはならない。②サンフランシスコ平和条約によって国籍を離脱した国内住民及びその子孫は、この憲法及び日本国内のすべての法律、命令、条例が国民に保障する権利と完全に同じ権利を保障される。③前項に規定する特別永住者以外の定住する外国人の国及び地方公共団体に対する選挙権、被選挙権に関しては、法律及び条例でこれを定める」（第42条）という条文があります。この条文の中の「サンフランシスコ平和条約によって国籍を離脱した国内住民及びその子孫」という言葉は、特別永住者と呼ばれる在日韓国・朝鮮人を表しているのですが（ただし、厳密に言えば一般に在日韓国人・朝鮮人と呼ばれる人々には、その特別永住者のほかに中長期滞在者も含まれます）、この条文は、もうわが国に新たな被差別民を作ってはならないという気持ちから書いたものです。

もちろん、ヘイトスピーチで叫ばれる発言に見られるように、日本人の中には在日韓国・朝鮮人を日本国籍を取らずに日本に住み続ける不逞の輩と考える人もいるでしょう。しかし、在日韓国人・朝鮮人の問題が発生した理由の根本は、そもそもわが国が朝鮮半島を植民地にしたことにあります。わが国が植民地にしていたから朝鮮半島に住んでいた人々が日本に来るようになったからですが、そして、彼らに日本国籍を取るように強制することは、日本人がかつて他国を植民地にし、その植民地の人間を自分より下の人間と見なしていた戦前の日本人からまったく変わっていないことを意味します。

私は、祖国あるいは自らが属する民族から離れて暮らしている人間が、祖国あるいは自らの属する民族との精神的つながりを持ちながら生き続けるという問題は、人間の尊厳の問題だと考えます。そして私は、人間がそのような生き方を求めることは今後基本的人権と見なされなければならないと考えます。もちろん、現在では、そのような権利は世界にもあまり例がないのかもしれません。しかし、それは人権概念の普遍化の問題であり、ですから私は、たとえ国籍を取得しなくても在日韓国人・朝鮮人は、日本人が持っているのと同じ権利を保障されなくてはならないと考えるのです。

そして、日本人がそのような権利を認めないとすれば、日本人は在日韓国人・朝鮮人を永久に差別し続けることになります。そしてそのことはさらに、日本人は国籍を取得した韓国系・朝鮮系日本人に対しても差別意識を持ち続ける「醜い日本人」であり続けるということをも意味するでしょう。

たとえ日本国籍を取得しなくても、日本人は特別永住者には日本人と同じ権利を与えるべきなのです。少なくとも、彼らの権利の拡大に向けて動き始める必要があります。そして、彼らに対する思考方法の問題ばかりでなく、もう日本人は他の人間を自分より上だとか下だとかと見なす思考方法に打ち克つ必要があるのです。たぶんそれがあの戦争で反省しなければならなかった最も重要なことであり、したがって、今反省すべき最も重要なことだと私は思うのです。

註

(1) 拙著『平和権』すずさわ書店、一九九五年、五四頁。
(2) 拙著『どんな日本をつくるのか――戦争を知らない戦後生まれの大人から21世紀を生きる若者へのメッセージ』(明石書店、二〇〇三年)、一八九～二一五頁参照。
(3) 戦前の日本人の多くは、日本人が単一民族であり、その単一民族が国家を形成していると考えていたと思われます。となると、そのような日本人にとっては、天皇の至上性＝国家の至上性＝民族の至上性ということになり、国家至上型全体主義と民族至上型全体主義はそのまま重なり、同じものとなります。
(4) 文部省教學局編纂『臣民の道』文部省、一九四一年、七一頁。
(5) 司馬遼太郎著『「昭和」という国家』NHKブックス、一九九九年、二四頁。
(6) 司馬遼太郎著『手掘り日本史』文春文庫、一九九〇年、一五七頁。
(7) この五大改革指令のうち、圧制的諸制度の撤廃によって治安警察法・治安維持法・特高警察などの法律や制度の廃止が行われ、また経済機構の民主化政策によって財閥解体・農地改革が行われました。
(8) もちろん、GHQの民主化政策・非軍事化政策は、わが国における人権革命を急速に進展させました。階級を基準とするマルクス主義の革命(政治革命)の考え方では、戦後の日本の状況は革命ではありません。

しかし、基本的人権を基準とする人権革命の考え方では、それも革命と言えるのであり、そして、ＧＨＱの占領政策の変更は反革命が始まったことを意味します。人権革命の考え方では革命も反革命も常に継続して行われると考えられるからですが、革命の継続性の問題に関しては、拙著『国家は戦争をおこなっていいのだろうか』（すずさわ書店、一九九二年）、八六～九八頁参照。

(9) もちろん、元首の機能を象徴機能で足りるとする考え方もあり、その場合は、たとえ統治権の一部を保有していなくても、天皇は日本の君主になります。

(10) ただし、私自身は象徴天皇制そのものを早急に廃止しようという考え方には反対です。その理由は、そのような考え方はかえって日本をして戦前の絶対君主至上型全体主義社会に戻そうという反動を呼び起こす可能性があり、またまだ国民主権という考え方になれていない可能性がある日本人が無理に共和政を行えば、そのことで日本にヒトラーが生まれる可能性があると考えるからですが、しかしそれ以上に、象徴天皇制を発展させていけば、日本人は国民の人間の尊厳が保障される社会を作り出すことができると考えるからです。

そして私は、二〇一六年八月に公表された生前退位に関する現天皇のビデオメッセージを、「忠臣にはもうこれ以上利用されない」という現天皇の意思の表れだと捉えています。それは、このメッセージの背景には、これ以上の右傾化が進行して天皇が国民からまったく遊離した存在にされてしまえば、皇室の存続そのものが危機にさらされた第二次世界大戦直後のような事態が生まれかねないという現天皇の危機意識が存在し、それが象徴の仕事内容の強調に現れていたと考えるからですが、もちろん現天皇の本当の意図は分かりません。しかしもしそうであれば、それは外見的立憲主義への回帰を許さない、文字通りの近代的立憲君主制へとつながり、したがって戦後日本国民にとっても好ましいことだと私は考えています。

(11) 「国民及び天皇」は第2章になっているのですが、それは第1章に「人及び国民の権利及び義務」を置いてあるからです。「人及び国民の権利及び義務」を第1章に置き、「国民及び天皇」を第2章に置いたのは、人権原理を保障するために統治原理が存在するというのが近代憲法の考え方であり、国民主権や象徴天皇の考え方は、統治原理の中に含まれると考えたからです。また、日本国憲法において天皇が第1章で扱われ、戦争放棄が第2章で扱われているのは、天皇が主権者であった大日本帝国憲法の名残りであるとともに、日本国憲法制定当時におけるGHQの日本に対する占領政策の意図が反映されているからと考えることができるでしょう。

(12) 司馬遼太郎著『歴史の中の日本』中公文庫、一九九六年、一二〇頁。

(13) NHK『笑う沖縄　百年の物語』(NHK・BS、二〇一四年七月二日放送)。なおNHKに問い合わせたところ、この番組は、NHKの放送局に行けば無料で視聴できるとのことです(ただし、アーカイブズに収録されているかどうかは、最寄りのNHK放送局にお問い合わせ下さいとのことでした)。

(14) 二〇一六年一〇月に、米軍のヘリパッド移設工事が進む沖縄県東村《ひがしそん》高江の工事現場付近で、抗議活動をする市民に向かい、大阪府警から派遣された機動隊員が「土人」「シナ人」と差別発言を行うという事件が起こりました。したがって、現在の日本人は反省し、戦前の日本人から受け継いでいる封建的思考方法に「打ち克つ」必要があるのでしょう。

第4章　講演録・人間を起点とする社会哲学
――その成立の背景と特徴

（1）私の思考方法

今日の方針

今日はお集まりいただきまして、どうも有り難うございます。

普通ならまず最初に少しだけ自己紹介をしてから始めるのですが、今日の話には自己紹介に相当する部分がたくさん出てきます。ですから今日は形式的な自己紹介は省略して、早速始めようと思います。

今日お集まりの方は私の書いた『右傾化に打ち克つ新たな思想――人間の尊厳に立脚した民主主義の発展を』（明石書店、二〇一四年）をすでに読んでおられるとのことです。また、事前にメールで送った今日の話のためのノートもすでに読んでおられるということですが、ですから、今日は、私の本の内容の細かい説明を行うという形はとりません。(1)

では、どうするかというと、二つの視点を軸とした話をし、その話を通じて私の考え方の内容を理解していただくという形をとりたいと思います。ノートのタイトルとサブタイトルをご覧下さい。「人間を起点とする社会哲学――その成立の背景と特徴」とあります。ですから、その軸となる視点の一つは「人間を起点とする社会哲学」という私の考え方が成立した背景です。つまり、どうして「人間を起点とする社会哲学」のような考え方が生まれたかということですが、それを述べるには私の考え方の背後にある私の思考方法について述べなくてはなりません。またこれまでの私の生き方についても述べなくてはならないでしょう。

このようなことを私は今までほとんど述べてきませんでした。もしかすると皆さんもそうかもしれませんが、私は、自分の生き方や自分の過去については他の人間にあまり話したいとは思いません。そのようなことはごく親しい仲間にしか分かってはもらえないからですが、しかし、「人間を起点とする社会哲学」という考え方と私の思考方法や私のこれまでの生き方が密接に関連していることは確かです。そのため私の考え方を理解してもらうために、少しは私のこれまでの生き方についても話さなくてはならないと最近考えるようになってきているのですが、そこで、今日は私の思考方法や私のこれまでの生き方についても話してみようと思います。

もう一つの軸となる視点は、「人間を起点とする社会哲学」の特徴についてです。私は私の考え方の特徴についてもこれまではあまり話してはきませんでした。私の考え方の特徴を述べるということは、私の思想と他の思想との違いを述べるということです。ですから、そこには当然他の思想に対する私の価値判断とか評価とかいったものが入ります。そしてそれとともに、私の考え方に関する私自身の価値判断、評価も入らざるをえません。この思想はこのような欠点がある、あの思想はあのような欠点がある、しかし、私の思想はそのような欠点を克服している。——となると、もしかするとそれは、私の自慢話になってしまうかもしれない。

そこで私は、今までは私の考え方の特徴についてもあまり話をしてはこなかったのですが、しかし、私の思想に関する私自身の価値判断とか評価とかは、そのことを述べておかないと、結局は私の思想が理解してもらえないままになってしまう可能性があります。理解されないまま忘れ去られてしまい、そして世の中はまったく変わらない……。だから、多少図々しくても、私自身で私の考え方の特徴を述べておく必要がある。最近そのようなことについても考えることが多くなってきたのですが、『右傾化に打ち克つ新たな思想』の「まえがき」の中で私が自分自身を思想家と明言したことや、「人間を起点とする社会哲学」という形で私の意図を政治思想史の中に位置づけたことも、そのような理由からです。

そこで、今日は、私の考え方に対する私自身の評価といったようなものについても話してみようと思うのですが、つまり、今日の私の話の方針は、私のこれまでの生き方や私の本の特徴を、他の人がやるように自分で説明するというやり方です。たぶんこのようなことは、本来なら、私ではなく、他の人にやってもらうべき仕事です。私の経歴をある程度知っており、そして私の考えを評価してくれる人。そのような他の人にやってもらうべきはずの仕事です。しかし、現在はまだそのような他の人がいないので、自分自身でやる。私の考え方がまだほとんど知られていない以上、それはそれで仕方ないと思います。

自分の頭で考える

そこで、まず私の思考方法についてですが、ノートに「自分の頭で考える」とあります。もちろん多くの人は、自分は自分の頭で考えていると思っているでしょう。しかし、私は、たぶんそのことを他の人間より強く考えているのだと思います。なぜなら、私は、小学校五、六年の頃に私の担任だった教員が言った言葉を今でもよく覚えているからです。

その担任は、私たちにこう話しました。

「教員は、また今教えていることと違うことを教えるかもしれない。だから、私の言うことが正しいか正しくないかは、みんなが自分の頭で考えろ」

当時の教員は、その教員が戦前に教えたこととは違うことを教えていました。子どもは自分が生まれる前のことは知りませんし、考えもしません。ですから、子どもの頃の私はそのようなことは想像すらしなかったのですが、考えてみれば当時は戦争が終わってからそれほど月日が経ってはいない時期なのです。そのため、ほんの少し前までは、教員は軍国主義や皇国史観を教えていた。

しかし、そのことはその教員が、また今教えていることと違うことを教える可能性があることを意味しています。私の担任が戦前もう教員になっていたかどうかはよく分からないのですが、しかし、その担任は、もしかすると今自分が教えていることと違うことを教えなくてはならない時代がまた来ると思ったのでしょう。だからこそ、その担任は「私の言うことが正しいか正しくないかは、みんなが自分の頭で考えろ」と言ったのです。

私は、私の担任が心配していたような時代が今実際にやってきていると思うのですが、少し前に小学校の頃の同級生にこの話をしたら、その同級生はその担任の話をまったく覚えてはいませんでした。ですから、たぶん私はこの担任の話に他の生徒以上に反応したのだと思うのですが、私はよく子どもの感受性はものすごいと思います。あっ、この子はこんなことを感じている。あっ、この子は大人ではとても感じることができないことを感じている。そして、子どもの頃の私の感受性も、少なくとも今の私に比べれば、たぶんものすごかったのでしょう。だから、子どもの頃の私の感受性が私の一生を決定づけた。

子どもの頃の感受性が一生を決定づけるということについては、大江健三郎さんにも同じような話があります。大江健三郎さんには一〇歳の頃、もう学校には行くまいと思い、実際に行かなかった時期があるのですが、大江さんは一〇歳の時に終戦を迎えます。ですから、大江さんは戦前の学校から戦後の学校への変化を知っています。天皇が神だと言ってその写真に礼拝させ、アメリカ人は鬼畜だと言っていた教員が平気で天皇は人間だ、アメリカ人は友達だと教えるようになった。しかも、それまでの考え方や教え方が間違いだったとは一言も言わずに、です。当然、大江さんはこのような学校に不信感を抱いていたのですが、その頃、大江さんの育った村に進駐軍の兵隊がジープに乗ってやって来るということがありました。そこで、他の生徒たちは手製の星条旗を振りハローと叫んで迎えるのですが、その時大江さんは学校を抜け出して森に入って高い所からその様子を見ていました。そして、生徒たちのハローという声が聞こえてくると大江さんは涙を流し、翌朝から学校には行かず森に入って夕方まですごすようになるのです。

その後、学校には行かないで森ですごしていた大江さんは大雨の日に家に帰れなくなって、木の洞の中で熱を出して死にそうになるのですが、たぶんこの頃の大江さんの感受性は大江さんの一生を決定づけたのだと思います(2)。

大江さんの子どもの頃の感受性は、たぶん大江さんの一生を決定づけた。そして、小学校五、六年頃の私の感受性も、私の一生を決定づけた。だから私は、今でも「自分の頭で考える」のですが、もちろん私の担任は「自分の頭で考えろ」ということだけをいつも話していたわけではありません。私の担任は授業に関連して実に多くのことを私たちに話してくれたのですが、私は当時担任が話してくれたことを今でも随分覚えています。しかし、後で考えてみると、「自分の頭で考えろ」ということの言葉が、私に最も影響を与えたのだと思います。

考えた後で知る

私の思考方法の特徴にはもう一つあります。それは、「考えた後で知る」ということです。

私が高校一年の終わりの頃北爆が始まりました。アメリカが北ベトナムに対する爆撃を開始し、その結果、ベトナム戦争が本格化したのですが、私は、千葉県の館山市という所で育ちました。市とは言っても千葉県の外れにある本当に田舎の市なのですが、たぶんそのような田舎にも反戦気運とか反政府的気運とかいったものが高まってきたのでしょう。高校二年になってからのことです。ある友人が私にこう話しました。

「俺は共産主義者だが、他の共産主義を自称する者は『共産党宣言』すら読んでいない……」

当時の私はマルクス主義の内容などはほとんど知らず、もちろん『共産党宣言』の「共」の字も読んではいませんでした。ですからこの友人は私よりずっと早く政治や社会について関心を持ち始めていたのですが、しかし、私はこの友人の話を聞いてすぐに思いました。

「こいつは自分の頭で考えてはいない。『共産党宣言』に何が書いてあるかは分からないが、こいつはただ自分で考えていると思い込んでいるだけだ」

つまり、その時私は、自分の考えができ上がっていないのに他の人の思想を読むと、ただその思想にかぶれてしまうだけだと思ったのです。

私はその後も権威あるとされている人の本をすぐに読みません。「権威」あるとされている人間の「権威」あるとされている本を読んでいかにも自分は考えているというように振る舞い、人を馬鹿にする人間が嫌いだったからですが、そこで私は自分が考えなくてはならないと思ったテーマに関しては、まず、その時点における自分の知識で考えます。こうだからこう、あーだからあー。そして自分の考えを私なりにまとめるのです。そして、自分の考えていることに自分自身で納得がいかないところが生まれた時に、初めてそのテーマに関係する本を読むのです。その時の自分にとって必要な範囲で、自分の考えをまとめることを目的にして。

他のテーマが生まれた場合も、同様です。まずその時の自分の知識で考える。自分自身で納得がいかない部分が生まれた場合は、必要な範囲で知る。そして、その繰り返しを通じて、私は自分の考え方を体系化してきたのです。

このような思考方法をとると、自分で考えたことは分かるが、多くの人が知っているようなことを知らないといったことが出てきます。みんなが詳しすぎるほど知っていることを、私はほとんど知らない。ですから、私は、今でも、他の人が常識と思っているようなことを知らないことがよくあるのですが、しかし、このような思考方法をとると、自分自身、あるいは日本人としての自分自身から遊離したテーマや発想に縛られることはありません。

私は上智人間学会の外に日本平和学会にも所属しているのですが、日本平和学会の主流はガルトゥングの平和学です。つまり構造的暴力のない状態を平和と捉える平和学ですが、ですからガルトゥングの平和学は「戦争がなくても平和とは限らない」と主張します。そしてガルトゥングの平和学は平和に対する視点を東西問題から南北問題に移し変えたとされているのですが、しかしあまりにもすごすぎる戦争体験を持つ戦後の日本国民にとっての最大の関心事は、まず戦争をなくすことでした。もう戦争をしてはならない、もう戦争をなくさなくてはならない。ですから、「戦争がなくても平和とは限らない」と言うと、その平和学は、日本国民の戦争体験から離れてしまう。そこで私は、『「日本国民発」の平和学――戦争を否定する根拠は何か』（明石書店、二〇〇七年）の中で「平和学は日本国民の戦争体験から乖離した」と述べたのですが、そのことで私は日本平和学会を批判したと受け取られました。

しかし、私は今でもガルトゥングの平和学は日本人の問題意識とはずれていると思っています。もちろん、構造的暴力の問題は大事です。構造的暴力としての南の世界の貧困の問題。環境の問題。女性差別の問題……。しかし、ガルトゥングの平和学の発想では、平和の問題はどんどん戦争の問題からは離れてしまう。

先ほど「俺は共産主義者だ」と言っていた友人の話をしたのですが、私の学生時代はマルクス主義の全盛時代でした。いわゆる七〇年安保の時代ですが、学生運動に参加した私の友人の多くはマルクス主義の信奉者で、彼らはマルクスやレーニンの言っていることを本当によく知っていました。マルクスはこう言っている。レーニンはあー言っている。しかし、今考えてみて、彼らの語っていたマルクスやレーニンに関する細かい知識は、一体何の意味を持っていたのでしょうか。

つまり、当時の日本における問題とマルクス主義が設定する問題は、やはりずれていたのです。それなのに当時の学生運動家は、日本の問題をすべてマルクス主義の発想で考えた。あるいは、考えていると思い込んだ。そして、マルクス主義的発想方法だけで日本の問題を考えた結果、何を自分自身が最初に問題にしていたかということが分からなくなってしまった。だから、当時の学生運動家は、自分が最初に問題にしていたはずの問題について今はほとんど語らなくなってしまったのではないでしょうか。

日本人は思想を外国から借りてきます。そしてその思想を知っていることで自らを権威づけます。しかし、ものを考える時は、やはり自分自身から離れてはいけないのです。だから、日本人としての自分自身からも離れてはいけない。「考えてから知る」という思考方法をとると、最初に自分自身が考えなくてはならないと思った問題がそのまま残ります。ですから、日本人である自分自身が最初に考えなくてはならないと思った日本の問題もそのまま残ります。だからこそ、私が当時考えなくてはならないと思った日本における問題は、今も私の問題として残っているのです。

そして、「考えてから知る」という思考方法をとると、人の思想や考え方を見る時には、すでに人とは違う自分の考え方ができている、ということがあります。人の思想を知ることによって考えているつもりになってしまう人は、その思想を批判することはできません。ただその思想の解説者とか伝道者とかになってしまうしかないのですが、しかし、「考えてから知る」という思考方法をとると、自分の考えたことと人の考え方の違いがすぐ分かります。そしてさらに、人の考え方の問題点がすぐ分かります。この考え方は、自分の考えてきた問題に答えていない。この考え方は、自分が考えてきた問題の問題点をかえって拡大する。もしそうであれば、考えた後で知った人の思想と私の考え方が合わされば新しい思想が生まれる可能性がある、そのように私は考えているのです。

（２）人間を起点とする社会の図と基本的人権の図はどうして生まれたか

人間を起点とする社会の図と基本的人権の図が生まれた背景

今日のメインの話に入ります。今日の話のメインはノートの小見出しで言って２の「人間を起点とする社会の図と基本的人権の図はどうして生まれたか」という部分と、３の「『社会哲学と個人哲学の分離（社会哲学の独立）』はどのような意味を持つか」という部分の二つです。なぜなら、この二つの部分は「人間を起点とする社会哲学」の成立の背景と特徴という二つの軸となる視点から私の考え方を述べている部分だからです。

まず、２の「人間を起点とする社会の図と基本的人権の図はどうして生まれたか」に関してですが、この社会の図と基本的人権の図（本書、四四、四五頁の資料①「社会と社会生活」〔Ｉ～Ｖ図〕と一九三頁の資料②「基本的社会生活（＝基本的人権がカバーする生活領域）」）は「人間を起点とする社会哲学」における論理上の出発点です。「人間を起点とする社会哲学」は「新」社会契約説、人権革命、「平和のための革命」、民主主義の本質規定とその発展などのいくつかの考え方を含んだ私の考え方の総称ですが、しかし、論理的に言えば、「新」社会契約説がそのすべての考え方の出発点となっています。そして、その「新」社会契約説のポイントは社会の捉え方の問題、基本的人権の根拠の問題、社会的権限の再配分の問題の三つです。そこでこの社会の図と基本的人権の図は「人間を起点とする社会哲学」における論理上の出発点となるのですが[3]、だからこそ、私は今度の『右傾化に打ち克つための新たな思想』の中で、「実を言うと私は、『新』社会契約説のとらえるこの社会の図を提示することができただけで、思想史的に見て人類の歴史に何らかの寄与ができたと考えているのですが」と記述したのです（六七頁）。

どうしてこの図のような発想が生まれたか、さらに、どうして自分は他の人と違う考え方をするのかということに関しては、長い間自分にも分かりませんでした。どうして私はこんな図を書こうと思ったのだろう。どうして私は他の人が唱える思想に同調できず、人とは違う発想をしてしまうのだろう。「人間を起点とする社会」の図に関しては、大学生の頃にすでに書いていました。ですから私はもう学生時代に今の私と似たようなことを考えていたのですが、ただし、基本的人権の図が当時から書けていたかどうかは正確にはよく思い出せません。

最近になってこの社会の図と基本的人権の図を書けた理由や私が他の人間と違うことを考える理由が分かったような気がしました。今から七、八年前の『「日本国民発」の平和学』を出版する直前のことですが、その理由が分かったきっかけに関してはここでは述べなくてもいいでしょう。重要なことは、その理由の一つがたぶん「日本国民の戦後の『感覚』」に関連しているだろうということが分かったということです。

〔資料②〕　基本的社会生活（＝基本的人権がカバーする生活領域）

基本的生活と基本的社会生活

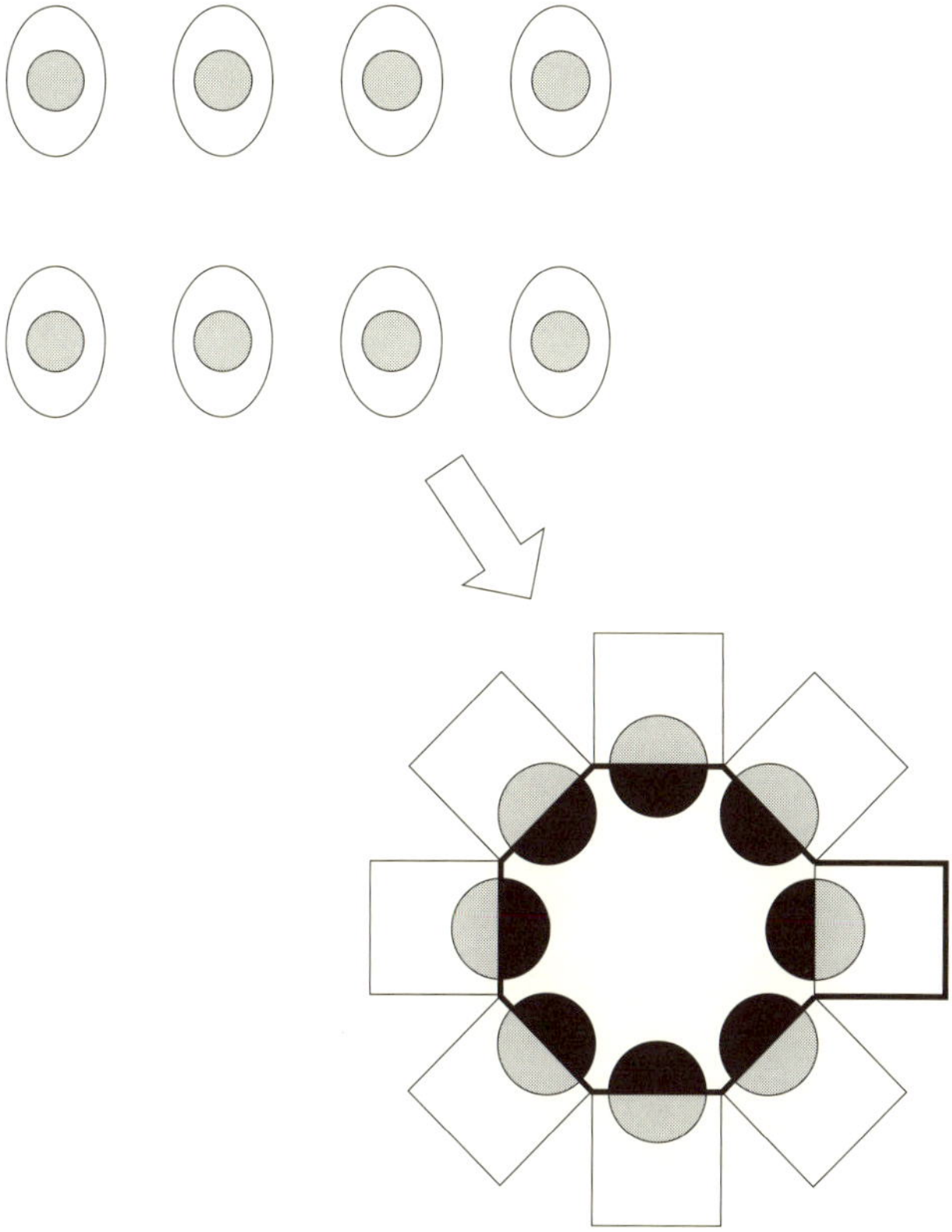

基本的生活（人間の生活のうち、人間の尊厳を実現していく上で他の生活の土台あるいは核心となっている生活）

基本的社会生活＝基本的人権がカバーする生活領域

戦後の日本国民は、戦争体験に基づいた独特の「感覚」を持っていました。それは日本国民の戦争体験は、その日本国民一人ひとりにとって強烈すぎるものだったからです。それは私の父親にとってもそうですし、母親にとってもそうですし、私の周りにいた大人あるいは戦争前に生まれた日本人すべてにとってもそうなのですが、私はその日本国民の戦後の「感覚」の真っ只中で育ちました。そのため私の子どもの頃の「感覚」は日本国民の戦後の「感覚」そのものであり、そして、私の考え方は、その日本国民の戦後の「感覚」によって作られました。そこで私はそのことを「戦争体験を通じて獲得した日本国民の戦後の『感覚』が私の心の中に宿った」と表現するのですが、つまり、この社会と基本的人権の図を書けたこと、そして私が他の人間と違うことを考えることの根底には、この日本国民の戦後の「感覚」が存在していたのです。

日本国民の戦後の「感覚」に関しては、『「新」平和主義の論理――戦後日本の再構築をめざして』（明石書店、二〇〇八年）の中で初めて扱ったのですが、この社会の図と基本的人権の図を書けた理由、そして私が他の人間と違うことを考える理由は、私の思考方法にも関連しています。「自分の頭で考える」「考えた後で知る」という思考方法をとる私は、自分自身あるいは日本人としての自分自身から遊離しません。ですから私は、私の心に宿った日本国民の戦後の「感覚」から遊離することはしないのですが、そして私は、西欧人の思想を権威あるものとか、高尚なものであるとかとは思いません。「自分の頭で考える」ということは小学校時代からの私の思考方法です。ですから私は自分自身で考えたことに関しては絶対的に自信を持っており、私の考えたことは私にとっての真理です。そこで私は私が考えたことが西欧思想に劣っているはずがないという気持ちを常に持ち続けてきたのですが、ところが他の日本人はどうもそうではないのです。多くの日本人は西欧の思想を権威あるものとして受け取り、それを高尚なものと見なしてしまう。そして、西欧思想を知っていることで自分を権威づけ、その権威をひけらかす。だからこそ、たぶん私は人とは違った考え方をするのです。

この社会の図と基本的人権の図が生まれた最大の理由はたぶん、基本的人権に関する憲法の記述に対して私が学生時代に感じた違和感です。学生時代の私は自分の読む本のほとんどは古本屋で買ったのですが、その中には憲法に関する本も随分ありました。社会科学系の本は神田より高田馬場の方に多く置いてあったので、私はよく高田馬場駅から早稲田大学まで歩いてめぼしい本を捜したのですが、憲法に関する本を多く買った理由の一つは、やはり憲法九条に関する記述の仕方に関心があったからです。つまり、戦争を否定する根拠、「戦争ができる国家」を否定する根拠が憲法学者によってどのように書かれているかを私は知りたかったのですが、しかし、私が憲法に関する本を随分読んだ理由にはもう一つありました。それは基本的人権に関する憲法の記述の仕方、特に「私人間《しじんかん》における人権侵害」に関する記述の仕方に関心があったからです。

「私人間の人権侵害」とは国家による人権侵害ではない人権侵害、つまり民間人どうしが行う人権侵害です。どうして「私人間の人権侵害」の記述の仕方に関心があったかというと、一般的に言って、憲法は「私人間における人権侵害」を人権問題の例外として扱っているからです。近代民主主義（西欧型民主主義）の唱える基本的人権は、基本的人権を国家との関係で考えます。自由権的基本権は国家によって侵されてはならない権利である。生存権的基本権（社会権的基本権）は国家が積極的に保障しなければならない権利である。ですからそれは、言ってみれば「国家を対極に置いた人権体系」なのですが、国家の問題を先に考えないと考えられない基本的人権、だからこそ憲法は「私人間の人権侵害」を例外として扱うのです。

しかし、「私人間における人権侵害」を例外として扱うその考え方は、子どもの頃から私が抱いていた基本的人権のイメージとは異なったものだったのです。そこで、私は基本的人権のそのような扱い方に違和感を感じた。私は、基本的人権の本質は国家と個人の間にあるのではなく、人間と人間の関係の中にあると思っていました。つまり、「私人間の人権侵害」こそが人権問題の本質であると私は思っていたのですが、その理由は、日本国民の戦後の「感覚」が捉えた基本的人権は、国家と個人の関係ではなく、人間と人間の関係を中心においた基本的人権だったからです。

日本国民の戦後の「感覚」が捉えた人権侵害の問題に関しては、この後すぐに扱いますが、たぶん私は、西欧思想、すなわち近代民主主義における人権概念の方に欠点があると考えたのでしょう。自然状態とか自然法とかの概念を持ち出さないと考えることができない基本的人権、国家のことを先に考えないと考えることができない基本的人権、そのような人権概念に問題がないはずはないと考えたのだと思います。そこで、たぶん私は、その後「私人間の人権侵害」の問題を中心に基本的人権の根拠を追究し始めたのでしょう。だからこそ、その結果としてこの社会の図と基本的人権の図が生まれた。そして、それがこの本の中の人権概念の普遍化の問題につながるのであり、「あらゆる生活領域およびあらゆる人間関係の中で人間の尊厳が侵されなくなるほどまでに人権概念を普遍化」するという問題につながるのです。

人権問題の普遍化の問題は「人間を起点にした人権体系」構築の問題につながります。「国家を対局に置いた人権体系」、あるいは戦前の日本のように「国家を起点にした人権体系」ではない「人間を起点とする人権体系」の構築。今日は経済同友会で品川正治さんの下で働いていた方も来ておられますが、品川さんは「国家の目」に対する「人間の目」という考え方をしておられます。品川さんの考え方も私の考え方もたぶん同じ発想に基づいているのだと思うのですが、品川さんの「人間の目」という考え方を私は基本的人権という視点から考えた。ですから、この社会の図と基本的人権の図は、品川さんの考え方を基本的人権という言葉を使って表したものと言ってもいいのではないかと私には思えるのです(4)。

『わたくしたちの憲法』について

日本国民の戦後の「感覚」がとらえた基本的人権は、人間と人間の関係を中心にした基本的人権だったと述べました。最近ある本を見つけたのですが、その本を読んだ時、私は日本国民のそのような「感覚」が生まれた原因は、もしかするとこの本にあるのではないかとすぐに思いました。少なくとも、この本が基本的人権に関する日本国民の戦後の「感覚」が生まれる上で大きな影響を与えている。

それが今私が持っているこの『わたくしたちの憲法』（有斐閣、一九五五年初版、一九八三年新装改訂版）という本ですが、この本を書いたのは、憲法学者の宮沢俊義と児童文学者の国分一太郎です。この本の存在を私が知ったのは、上智人間学会のマタイス先生という方が紹介してくれた『「自由・平等」への異議申立て人は――疎かにされてきた「愛」』（粕屋友介著、上智大学出版、二〇〇七年）という本の中にこの本に関する記述があったからですが、現在この本は有斐閣から新書版で出ています。

そして、この本の基本的人権に関する部分をコピーしたのが、今日配付した資料です。ノートでは、この資料の第二段落の部分を先に書いてあるのですが、ここでは最初から読みましょう。


なるほど、むずかしいことばができてきましたね。真太郎や、道子や。キホンテキジンケン。おまえたちは、このことばの意味が、よくわからない、というのでしょう。むりもないことです。昭和二十年ころまでは、日本中のおとなたちも、大部分が、このことばを知らなかったんですからね。そんなことは知らないように、教育されてきたんだともいえますからね。

（アミ掛けは筆者、以下同）

正直言って、この文章を最初に読んだ時はショックでした。基本的人権というのは、当時は分からないのが無理がないほど難しい言葉だったのか。当時の大人たちは基本的人権という言葉さえ知らなかったのか。「なるほど、むずかしいことばがでてきましたね」とあります。「昭和二十年ころまでは、日本中のおとなたちも大部分が、このことばを知らなかったんですからね」とあります。そして、「そんなことは知らないように、教育されてきたんだともいえますからね」ともあります。

この文章を読んで私が驚いたのは、子どもの頃の私には当時の大人たちが基本的人権という言葉を知らないなどということは想像すらできなかったからですが、しかし、ということは、当時の教員は基本的人権のことを知らないまま人権概念について教えていたということを意味します。基本的人権のことを知らないように教育されてきた教員が、基本的人権について教えた。

この本の初版は一九五五年、昭和で言うと昭和三〇年ですが、それは私が小学校へ入学した年に当たります。そして、この本は、当時「毎日出版文化賞」を受賞しました。ということは、当時の教員がこの本をタネ本にして私たちに基本的人権に対する考え方を教えていたことを類推させます。つまり、基本的人権という言葉さえ知らなかったほとんどの教員はこの本を読んで基本的人権を知り、そしてその知ったことをそのまま私たちに教えた。だからこそ、この本の内容が日本国民の戦後の「感覚」になり、そしてそれが私が子どもの頃から抱いていた私の人権感覚につながった。そこで私は、この本のこの部分の記述が基本的人権に関する日本国民の戦後の感覚が生まれた原因になっていると感じたのです。
この本の基本的人権の説明の仕方を見てみましょう。

なあに、ひとくちにいえば、ごく、かんたんなことですよ。人間が人間として生まれてきた以上、だれでもがもっている権利のことですよ。

この資料は基本的人権を「人間が人間として生まれてきた以上、だれでもがもっている権利」と記述しています。実は私自身も基本的人権をそのような定義の仕方で教わったのですが、ここに来られている皆さんもたぶんそのように教わったのではないでしょうか。しかし、「人間が人間として生まれてきた以上、だれでもがもっている権利」は、西欧思想の自然権の概念をそのように表現したものでしかありません。もちろんそれは間違いではありません。しかし、自然権は西欧思想では国家以前の権利です。つまり、国家が生まれる前に人間が持っていた権利が自然権なのですが、だからこそ自然権は西欧思想においては対国家の問題となるのです。
その続きを見てみましょう。

いいかね。おまえたちも、このおじいさんも、よく人間に生まれてきたものです。人間に生まれてきたからこそ、よその人にしばられもしない。いいたいことも言ってのけられる。

どこに住もうが、じぶんの家なら追いだされもしない。この村から出ていけなどともいわれない。神さまやほとけさまを信じようが信じまいが、よその人から、とやかく、いわれることもない。政府からも、むやみにとがめられることがない。わけもなしに、いのちをとられる心配もない。みんなが、たのしく幸福に生きていくこと、そのために、働いても、じゃまされない。

これは、人間が、人間に生まれてきたからこそ、もっている権利なのです。王さまからも、政府からも、よその人からも、だれからも、うばわれることのない、権利です。

「人間に生まれてきたからこそ、よその人にしばられもしない」とあります。ですから、この文章では縛るのは「よその人」です。その後の「いいたいことも言ってのけられる」、「どこに住もうが、じぶんの家なら追いだされもしない」、「この村から出ていけなどともいわれない」という部分はその縛られないことの内容と考えることができるので、縛るのは当然「よその人」でしょう。

次の「神さまやほとけさまを信じようが信じまいが、よその人からとやかく、いわれることもない」という文章には「よその人から」とあるので「とやかく言う」のは当然「よその人」です。しかし、この部分に関しては次に「政府からも、むやみにとがめられることがない」ともあります。ですから、信教の自由に関するこの部分に関しては、その信教の自由を侵害するものとして

「よその人」と「政府」の二つが考えられていると判断できます。

そして、その次の「わけもなしに、いのちをとられる心配もない」、「みんなが、たのしく幸福に生きていくこと、そのために、働いても、じゃまされない」という部分に関しては、「よその人」が命を取るとは思えないので、たぶん前者は政府を意識した文章ですが、しかし、この部分に関しては、両者とも「政府」および「よその人」を念頭に置いた文章と考えることができるのではないでしょうか。

つまり、基本的人権に関するこの本の記述は、基本的人権を侵すのは主に「よその人」なのです。もちろん王様や政府も出てきます。しかし、たとえ王様や政府が出てきたとしても、そちらの方が付け足しで、やはり基本的人権の侵害は私人間による侵害を中心に考えられているのです。だからこそ、この本では、基本的人権は「王さまからも、政府からも、よその人からも、だれからも、うばわれることのない、権利です」という形でまとめられているのではないでしょうか。

私は、当時の日本人はたぶん人権侵害の問題を「よその人」による侵害の問題としてしか考えられなかったのではないかと思います。なぜなら、当時の日本人は、まだ天皇や国家による人権侵害の問題を発想できる段階にはなかったのではないかと思えるからです。私は、もしかするとこのことに関しては今の日本人も本質的には変わっていないのかもしれないと思うのですが、しかしそれはともかくとして、当時のことを考えればほんの少し前までは国家は天皇の国家であり、天皇は国民を思いやる神のような存在です。だから、当時の多くの日本人には天皇が、そして天皇の国家が、国民の権利を侵すということを想像できなかったのではないか。

したがって当時の日本人からすれば、基本的人権を侵すのは村の有力者のあの人間なのであり、戦争でもうけたあの人間なのであり、在郷軍人会のあの人間だったのです。そして、当時の日本国民が基本的人権を侵す者として想像できたのは、せいぜい天皇を補佐することに失敗したあの政治家、あの官僚、あの軍人までてしかなかったのではないでしょうか。だからこそ、日本国民の戦後の「感覚」は、人権問題を「私人間の人権侵害」を中心に捉え、そして、それが子どもの頃の私の人権感覚となった。

憲法が生まれた頃の日本人の人権感覚は、まだそれ程に発達してはいなかった。したがって当時の日本人と西欧人の人権感覚を比べれば、当時の日本人の方がずっと後れていたと考えざるをえない。しかし、たぶんそのことがかえって人権概念の普遍化の問題を提起させたのです。なぜなら、基本的人権は、本来自然権や自然法の考え方を持ち出さなくては説明できないようなものではないからです。ですから、それは国家のことを先に考えなくても論理づけることができるものであり、人間と人間の関係によって論理づけられるものだからです。

一言付け加えます。本当のことを言うと、西欧思想においても人権概念は最初は人間と人間の関係という文脈で考えられていました。なぜなら人権概念を最初に発見したホッブズは「万人の万人に対する戦争」状態という人間と人間の関係の中で自己保存権という基本的人権を保障する手段を考えたからです。ところが、ホッブズは基本的人権を保障するために「リヴァイアサン」

という国家について考えた。そこで、基本的人権の問題を考えるためにはまず国家の問題を考えなくてはならないという思考方法が生まれ、それがロックに受け継がれたのです。そしてそのような考え方がさらに西欧思想の伝統になってしまった、そう考えることができるのです。

『わたくしたちの憲法』が示唆する現代における問題についてもう一度確認しておきたいと思います。今、多くの日本人は基本的人権について、そんなことは説明されなくても分かっている、と思っています。そして、自分自身が民主主義者であると思っています。しかし、戦後の日本は、日本人のほとんどが基本的人権という概念を知らない状態で始まったのです。だから、基本的人権は現在の日本人にとってまだ定着していない可能性がある。「昭和二十年ころまでは、日本中のおとなたちも　大部分が、このことばを知らなかったんですからね」——私たちはこの言葉を決して忘れてはならないのです。

そこで、私たちは日本国民の戦後の「感覚」にしっかりした「言葉」(ロゴス)を与える必要があります。「感覚」だけで分かった気になってはいけない。そして、その「感覚」だけに基づいて「そうでしょ、そうでしょ、みんなもそう思うよね」という形で同調者を求めるだけでは——私は、これがこれまでの革新と呼ばれた勢力がとってきた態度だったと思っているのですが——、定着しはしないのです。

そして、私たちは人権概念をさらに普遍化する必要があります。「戦争ができる国家」の否定、民主主義の発展などのためですが、だからこそ私は、先に述べたように、私がこの社会の図と基本的人権の図を書けたことが「思想史的に見て人類の歴史に何らかの寄与ができた」と考えているのです。

（ここでフリートーキングに入る。そして再開）

（３）「社会哲学と個人哲学の分離（社会哲学の独立）」はどのような意味を持つか

社会哲学と個人哲学を分離して考えるという発想が生まれた背景

では、後半に入りたいと思います。ノートで言って３の「社会哲学と個人哲学の分離（社会哲学の独立）はどのような意味を持つか」の部分ですが、先ほども述べたように、この部分も今日の話ではメインの部分です。それはこの部分も私のこれまでの生き方と私の思想に対する私自身の評価に関連する部分だからですが、この部分に関しては、特に後者、すなわち、私の思想に対する私自身の評価の問題に関連します。なぜなら、この部分はロゴスの追究という哲学上の問題を考える上で重要であり、そしてそれは「人間を起点とする社会哲学」という私の思想の思想史上の位置づけに関連するからです。

しかしまず、どうして私が社会哲学と個人哲学を分離して考えるようになったかについてから話しましょう。高校時代から大学時代の私は、ある意味では、ヨーロッパ哲学のこれまでの営みの重要部分を知らず知らずのうちに体験していたように思います。もちろん「考えてから知る」

私は当時ヨーロッパ哲学を勉強していたわけではありません。したがって、私はヨーロッパ哲学の使う言葉ではなく、自分自身の使う言葉で考えていたのですが、高校二年の時、私は自分が生きていることに意味があるかどうかについて考えました。そのきっかけは受験勉強することに意味があるかという問題からですが、その時私は、自分が生きていることに価値があることを証明したと思っていました。

その証明の仕方は、言ってみればギリシャ哲学におけるアレテーと同じような考え方です。アレテーは日本では「徳」という分かりづらい言葉で訳されるのですが、「卓越性」とか「有能性」とかとも訳されます。したがって「いい馬は速く走るという馬の卓越性・有能性を発揮する馬だ」というように使われるのですが、自分は自分の卓越性・有能性を発揮することで価値ある生き方ができる。だから、人間である自分は人間らしく、男である自分は男らしく、受験生である自分は受験生らしく生きることで自分は価値が発揮でき、そこで私は受験生としての卓越性・有能性を発揮すべく勉強を始めたのです。

ところが、浪人時代の途中――私は一年間浪人したのですが――、それまでの考え方が崩壊してしまいました。たぶんそのきっかけの一つは当時私が通っていた予備校の寮で自殺者が出たということを聞いたからだと思うのですが、そのことを聞いて私は翌日の新聞に出るな、と思いました。そろそろ受験が近づいてきたその時期に大手予備校の寮で自殺者が出たのです。しかし、新聞には何も出なかったし、何も変わらなかった。そこで私はその自殺した浪人生にとっての受験勉強の無意味さと、その浪人生のそれまでの人生の無意味さを思ったのですが、そのことは次第次第に私自身の受験勉強と人生の意味の問題につながりました。

その時はたぶん私自身も受験のための勉強を強制されるという雰囲気がつらくなっていたのだと思います。そこで私は予備校には行かなくなり、一日中下宿で勉強をしていたのですが、勉強はだんだん考えることを忘れるためにやることが多くなりました。考えるとどうしても受験勉強の無意味さ、そして生きることの無意味さを思ってしまうからですが、その頃の私はよく古典と数学の勉強をやっていました。古典はその美しさが心を洗ってくれるような気がし、数学は機械的にやれたからですが、しかし寝る前にはどうしても考えてしまいます。考えまい、考えまいとしても考えてしまう。そして、こう思ったのです。

人間が生きていることに価値があるという考え方は、価値があってほしいという人間の希望でしかない。宇宙の側から考えれば、人間の価値は証明できず、また人間の価値が他の動物や無生物と比べて大きいことも証明できない。したがって、自分の行うことが動物の行うことより価値あるものとは言えないし、自分の存在が浜の真砂より意味があるとも言えはしない。そこで私は自分の行うことすべてが無価値であると考えて苦しんだのですが、今考えると、あの状態でよく大学に入れたな、と思います。

そして、その状態は大学に入ってからも一年少し続きました。しかし、私がそのようなことで苦しんでいることに気がついている人間は、ごく親しい一人か二人を除いてほとんどいなかったと思います。私は、「エーカッコシー」でそのような態度は他人の前では決して見せなかったからですが、しかしみんなが気づかなかったのは、私自身が思う自分と他の人間が見る自分は違うからかもしれません。当時私は自分を暗い人間と思っていたのですが、私以外の人間は決してそうは思いませんでした。そこでその当時も、川本は明るい、川本は明るいと言われていたのですが、もしかすると自分が思っている自分より他の人間が見る自分の方が案外的を射ていたのかもしれません。

しかし、大学に入ってから私の苦しみは徐々に和らいでいきました。今日は大学で教えている方が二人おられるのですが、私は大学のいいところは何もしなくてもいいということだと思います。よく大学に入れば何でもできると言います。好きなことを勉強でき、遊ぶこともできる。しかし、大学のいいところは四年間何もしなくてもいいという環境を与えられるところにあります。四年間何もしなければ、自分のしたいことがたぶん見つかる。

大学一年の時の私は何もしませんでした。いや、正確に言えば、何もできませんでした。何かをしようとするとその後で必ずその行ったことの無意味さを思ってしまったからですが、しかし何もしなくてもいいところにいると、だんだん何もしなくてもいいと思えるようになりました。別に何もしなくてもいい。別に何か意味あることをしなくてもいい。だから私はその頃は授業にもほとんど出席せず、下宿の仲間と酒を飲んだり、下宿の息子さんとキャッチ・ボールをしたりしてすごしていました。

そうしているうちに、私は人間が無価値であることを抵抗なしに承認できるようになったのです。人間は無価値であるから無価値な生活ができる。人間は神ではないから、無価値な生活をしてもいい。だから人間は自分の心が要求するとおりに生きればそれでいい。腹が減れば食べ、のどが渇けば飲む。

そこで私はいつも自分の心を見つめるようになりました。これは本当に私の思っていることなのか。私の心は私に何をしろと言っているのか。その結果、私はかつてのように人間はこうあらなくてはならないとか、人間はこういうことをしなくてはならないとかとは思わなくなりました。そして、自分の心の命ずるままに生きるようになったのですが、しかし、当時の私はわが国を昔の日本に引き戻そうとする政治的動きに対しては常に激しい憤りを感じました。日本をそのようにしてはならない。日本を後戻りさせてはならない。そして、その憤りは強く、そして長く私を動かしたのです。つまり私の心は様々なことに反応して様々に私を動かすのですが、しかしその動かし方には強弱があった。私を強く動かすものとそれほどでもないもの、私を長く動かすものとそうでもないもの。そこで私は私を動かすその心の強弱の命令にそのまましたがうようになったのです。

私の心の中の政治的反動に対する憤りは、その後も強く、そして長く私を動かしました。そして、驚いたことにそれは現在まで私を動かし続けているのです。大学二年の時、私は様々な社会問題に対する自分の考え方をまとめるために一年間大学を休学しました。当時は学生運動の全盛期だったのですが、すでに述べたように私は当時の学生運動家は自分の頭で考えていないと思っていました。そこで私は学生運動には参加せず、自分の力で自分自身の考えをまとめるために一年間大学を休学したのですが、――もっとも休学の手続きをとったのは後期試験の直前で、ですから私の休学期間は公式には二カ月程度です――しかし、一年間で様々な問題に対する自分の考え方がまとまるはずはありません。そこで私は復学した後も考え続け、さらに大学卒業後は高校教員になって考え続けたのです。そして、高校の教員をやめた現在もやはりその延長線上にある。

つまり、私の心の中にある政治的反動に対する憤りは大学二年の時から現在まで私を動かし続けているのですが、先ほども述べたように、その私を動かす私の心の中の核心が日本国民の戦後の「感覚」であることに最近やっと気づきました。つまり、私に宿った日本国民の戦後の「感覚」が私を動かし続けてきたのですが、ということは、たとえ自分が生きていることの価値は分からなくても、私には日本国民の戦後の「感覚」が要求する社会的価値が常に存在していたことを意味します。人間が人間の生きるべき生き方を追究する個人哲学と社会が社会のあるべきあり方を追究する社会哲学は異なる。ですから、私はすでに学生時代から社会哲学と個人哲学を分離して考えてきたのです。

社会哲学は再びロゴスの追究を可能にする

社会哲学と個人哲学を分離することの意味の問題に移りましょう。哲学に関する私の知識は学生時代からずっと、まさに先ほど述べた「自分で考えたことは分かるが、多くの人が知っているようなことを知らない」という状態でした。そのことは今もさほど変わっていないのですが、ところが『「日本国民発」の平和学』を書く前に私は急に哲学用語の「ロゴス」という言葉を使いたくなりました。考えてみると、私はいつも急に思いつき、そしてそれをすぐに実行したくなるのですが、ロゴスという言葉には論理という意味ばかりでなく、理性とか――理性という言葉は、日常使う言葉にくだいて言えば、自分の頭で考える力と言ってもいいと思います――普遍的真理とか普遍的原理とかの意味も含まれています。そのため、そのような意味すべてを含めた言葉として私はロゴスという言葉を使いたくなったのですが、しかし哲学のことはほとんど分からない私がその言葉を使っていいかどうかについてはやはり不安がありました。そこで私は哲学や文学に詳しい友人に私がその言葉を使っていいかどうかを聞きに行ったのです。

その時の私はその友人にロゴスという言葉を用いる際に知っておかなければならないことを教えてほしいと考えていました。しかし、その友人はこう言ったのです。

「現在の世界で、ロゴスという言葉を使っていいのは川本さんだけだ」

まるでソクラテスの「無知の知」のような話です。つまり、自分が知者ではないと思っていたソクラテスが「ソクラテスより賢い者はいない」というデルフォイの神託を知って驚いたというような話ですが、しかしこれは本当の話です。その時の私はその友人の言葉の意味がよく分かりませんでした。分かったのは、ただそれまでの私の論理の追究の仕方が間違いではなかったということだけですが、しかし、ごく最近、その友人の言葉の意味が分かったような気がしました。それは『右傾化に打ち克つ新たな思想』を出版した直後ですが、たぶんそれはこの本で社会哲学と個人哲学の分離の問題を扱ったからでしょう。この本でその問題を扱ったことで私の頭は無意識のうちにその問題を考え続けており、それが急にインスピレーションとなって現れた。多分そうではないかと思うのですが、その分かった内容は、社会哲学と個人哲学を分離することが、ヨーロッパ的価値基準の動揺の問題を克服する可能性を持つかもしれないということです。

ヨーロッパの価値基準の根底には、人間の本質を理性と考える考え方が存在します。それはプラトンの言う哲人政治を行う人間が知恵のある理性的人間であること一つを考えても分かるのですが、中世ヨーロッパでは、神が神に似せて創った理性的人間という考え方が生まれます。そして、近代ヨーロッパでは、中世ヨーロッパにおける理性的人間像がさらに進展して、例えばデカルトは神の存在さえをも人間の理性で証明しようとしています。そして、その理性的人間像から真理、普遍、正義などの西欧哲学における価値基準が生まれるのですが、ヨーロッパ的価値基準の動揺が起こったのは、ヘーゲルが膨大な理性の哲学大系を完成させた後のことです。

まず、ヘーゲルの膨大な哲学大系の中には自分がいないと考えたキルケゴールは理性的人間像から離脱して、現実存在としての人間、すなわち実存としての人間を哲学の中心に据えます。そして、ヘーゲルの理性の哲学大系を根本から打ち壊したのはニーチェですが、彼は神、理性、普遍、真理、正義などの西欧哲学における価値基準を徹底的に破壊しました。その破壊の仕方は小

阪修平氏の言葉を借りればまさに「ちゃぶ台をひっくりかえした」ような破壊の仕方です。(5)

そして現実政治の世界においても　ヨーロッパはそのヨーロッパ的価値基準を根底から覆すような事件に遭遇します。その一つが第一次世界大戦です。第一次世界大戦はヨーロッパが主戦場となったため、その惨禍の大きさは膨大なものでした。動員された六六〇〇万人のうち一〇〇〇万人が戦死し、捕虜および行方不明者が六〇〇万人、戦傷者が二〇〇〇万人、そして一般市民の死者も九〇〇万人以上とされるのですが、続いてヨーロッパは第二次世界大戦を経験します。

しかし、ヨーロッパにとってショックだったのは、たぶん第二次世界大戦という戦争そのものよりも、ヨーロッパがユダヤ人虐殺という大惨事を巻き起こしてしまったことだと思います。第二次世界大戦が起こる少し前にヒトラー率いるナチスがドイツの政権を獲得し、そのナチスがユダヤ人の大虐殺を行ってしまった。一般にナチスが虐殺したユダヤ人は四五〇万人とか六〇〇万人とか言われるのですが、まさにそれは理性的人間像からは想像しえないほどの大惨事です。

ナチスやイタリアのファシスト党の生み出したファシズム国家はヘーゲル哲学の国家観を体現したものと言えるでしょう。しかし、そのヘーゲル哲学を逆転させ、社会主義の理想社会をもたらすはずであったマルクス主義は、今度はソ連でスターリンの独裁を生み出してしまいました。スターリンが粛正した人間は、一般に一〇〇〇万人と言われます。そして社会主義国ソ連においては、そのスターリンが死んだ後も、スターリン主義は延々と続いたのです。

社会主義国家が強権国家にしかすぎないことが明確になってしまったヨーロッパは、ただ自信を喪失する以外にありませんでした。理性・普遍・真理・進歩などの言葉に対する信頼は薄れ、その結果、ヨーロッパではもはやロゴスの追究は行われなくなりました。したがって、理想や正義や歴史的進歩の追求も同時に行われなくなってしまったのです。

そこで、ヨーロッパ現代思想は相対主義に傾斜します。レヴィ・ストロース、デリダ、ドゥルーズ、ガタリ、ロラン・バルト、ボードリヤール、フーコー——これらの思想家については皆さんの方が詳しいと思うのですが、これら構造主義あるいはポスト構造主義の思想家はすべて相対主義に陥っています。だから、普遍的価値や真理はない。

そこで、私の友人の言った「現在の世界で、ロゴスという言葉を使っていいのは川本さんだけだ」という言葉が出てくるのです。つまり、相対主義に陥っているヨーロッパ現代思想は、ロゴスという言葉を使えないし、使ってはいけないのです。

社会哲学と個人哲学を分離することが持つ意味

しかし、それでは、どうして「川本さんだけ」、つまり私だけがロゴスという言葉を使っていいのでしょうか。私は——したがって「人間を起点とする社会哲学」は、社会哲学と個人哲学を分離します。そしてその社会哲学の中で社会的価値としての人間の尊厳を「公理」とします。そして、そこから演繹される論理を追究するのですが、ですから、それは理性的人間像から出発する論理ではありません。

もう少し詳しく言うと、この場合、「公理」としての人間の尊厳を証明する際に「人間を起点とする社会哲学」は、
①神による証明は行わない
②個人哲学と社会哲学を分離する
③人間の尊厳は人間社会に当為を与える命題の根底に存在する命題である
④その当為の命題が大多数の人間によって承認されるとしたら、人間の尊厳は「公理」として承認されなくてはならない
という論理を立てます。そして「人間を起点とする社会哲学」は、③の当為の命題の主語を行為の主体としての人間から、人間の尊厳を侵される可能性を持つ客体の側の人間に移しています。つまり、私はその当為の命題の主語を、カントによって普遍的道徳法則に自律的にしたがうことができるとされている行為の主体としての理性的人間から、その行為の主体によって人間の尊厳を侵される可能性を持つ客体の側の人間に移しているのですが、ですから、「人間を起点とする社会哲学」は理性的人間像から出発する論理ではないのです。

そして、「川本さんだけだ」という言葉を考える上で重要なことは、この「人間を起点とする社会哲学」の論理の立て方が正しければ――それは人間の尊厳を「公理」とできさえすればということですが――、社会哲学には普遍的真理が存在する可能性があるということです。なぜなら、

人間の尊厳を「公理」とできさえすれば、私たちはその「公理」から様々な原理・原則を導き出すことができるようになるからです。だから、社会哲学においてはロゴスの追究が可能になる。そして、そのロゴスの追究の結果、普遍的真理を求めることができる。

個人哲学の分野では、人間の尊厳は「公理」とすることはできません。したがって、個人哲学と社会哲学が分離されていないこれまでのヨーロッパ哲学では、人間の尊厳を「公理」とすることはできないのです。ところが、個人哲学と社会哲学を分離して考える私の考え方では、その社会哲学の分野でロゴスの追究ができ、普遍的真理を求めることができる。

ということは、私の考え方は、結果的に論理・普遍的真理・正義・歴史的進歩などのニーチェ以来失われていた言葉の力を取り戻す可能性があるということを意味します。そして、それはヨーロッパが相対主義から脱却して、その価値基準の動揺の問題を克服する可能性があることを意味します。だからこそ、そのことが友人の「川本さんだけだ」という言葉につながるのではないでしょうか。

社会哲学と個人哲学を分離して考えるとロゴスの追究が可能になり、ヨーロッパ的価値基準の動揺の問題が克服される。もしそうであれば、西欧哲学によって構築されてきた社会的価値が復権することになります。人間の尊厳・基本的人権・民主主義……。もちろん、「人間を起点とする社会哲学」からすれば、それらの社会的価値は完全には普遍化されてはいません。しかし、たとえそうではあっても、「公理」としての人間の尊厳に連なっているかぎり、それらの価値はや

は り普遍的価値と言えるのです。だから、それはヨーロッパの作り出したヨーロッパだけに通用する価値に止まるものではありません。そのような社会的価値はアジアにとっても、アフリカにとっても、したがって日本にとっても必要とされる、世界全体にとっての普遍的価値なのです。

西欧哲学によって構築されてきた社会的価値が復権するということは、西欧社会が前近代的要素を多分に残す西欧社会以外の社会より進歩していることが証明されたということを意味します。逆に言えば、前近代的要素を多分に残す社会は、その前近代的要素を残すという意味において、後れた社会であることが証明されたということを意味します。この場合、前近代的要素とは、人間の尊厳・基本的人権・民主主義などの社会的価値がまだ認められていないということを意味するのですが、アジアやアフリカにおいては、人間の尊厳とか基本的人権とかの社会的価値が認められていないという状況がまだかなり残っています。したがって、アジア・アフリカは、その部分において後れた社会であり、そして、そのことは日本においても言えます。ですから私たちは、わが日本がまだ後れた社会である可能性を持つことを確認しなくてはなりません。

私の考え方は、たぶん理想や正義や歴史的進歩という考え方をも復活させます。「人間を起点とする社会哲学」は人間の尊厳・基本的人権・民主主義などの社会的価値がまだ完全には普遍化されてはいないと考えています。ですから、それはそれらの価値がさらに普遍化されるべきであると主張するのですが、もしそうであれば、理想や正義や歴史的進歩の概念も復活することになります。そこで西欧社会は、現在の社会を「近代を超克した社会」へと発展させなくてはなりません。そして、前近代的要素を多分に残したアジア・アフリカなどの社会は、その前近代的要素を払拭し、さらに「近代を超克した社会」へと向かわなくてはなりません。したがって日本人の「先祖返り」は、当然のこととして、歴史の後退と言わざるをえないのです。

そして、今述べたことが『右傾化に打ち克つ新たな思想』の前提になっています。今日お集まりの方は今回の私の本をすでに読んでおられるとのことですが、私は今回の本の第1章で、私たち日本人が「『醜い日本人』から抜け出る道」として、①「醜い日本人」を認めること、②戦前の日本国家が「前」近代国家であったことを認めること、③欧米人にも植民地支配を謝罪させるための思想を提起することの三つをあげました。

この場合、②の戦前の日本国家が「前」近代国家であったことを認めることは、西欧社会が前近代的要素を多分に残す西欧社会以外の社会より進歩していることが証明されたという話を受けています。そして、それはまた人間の尊厳・基本的人権・民主主義などのヨーロッパが構築してきた社会的価値が復権したという話をも受けています。また①の「醜い日本人」を認めることと、③の欧米人にも植民地支配を謝罪させるための思想を提起することの二つは、理想や正義や歴史的進歩の概念も復活するという話を受けています。つまり、社会哲学と個人哲学を分離した私の考え方は、ヨーロッパ的価値基準の動揺の問題を克服するということを通じて、現在のわが国の問題にも直接結びついていると考えられるのです。

一言付け加えます。もちろん私は、ヨーロッパ的価値基準の動揺の問題を克服することを意図して「人間を起点とする社会哲学」の論理を立てたわけではありません。私はただ、私にとって納得がいく論理を追究し続けてきただけなのですが、もしかすると、結果としてそうなったのかもしれない、そういうことでしかないのです。そして、そのことは、私が当為の命題の主語を行為の主体としての人間から、人間の尊厳を侵される可能性を持つ客体の側の人間に移したことに関しても言えます。私は、別にカントの定言命法の主語を逆転させようと考えたわけではありません。ただ私は私にとって納得がいく論理を追究していく過程で「人間は、その人間社会において『尊厳』なる存在として扱われなくてはならない」という当為の命題を設定したのです。しかし、そのことは結果的に「汝の人格の中にも他のすべての人の人格の中にもある人間性を、汝がいつも同時に目的として用い、決して単に手段としてのみ用いない、というようなふうに行為せよ」というカントの定言命法の主語を主体から客体に逆転させることになった。ただそういうことなのです。

相対主義と人間の尊厳を侵す思想との対決

社会哲学と個人哲学を分離する「人間を起点とする社会哲学」は、もしかするとヨーロッパ的価値基準の動揺の問題を克服できるかもしれない。しかし、社会哲学と個人哲学を分離することの持つ意味はたぶんそれだけではないのかもしれません。なぜなら、たぶんそのことは個人哲学の分野では相対主義を徹底して多様な価値観を保障し、社会哲学の分野では他者の人間の尊厳を侵す相対主義に歯止めを与える役割を果たす可能性を持つからです。

「人間を起点とする社会哲学」は「自己犠牲を強要し合う社会」の克服をも意図しています。そこでそれは個人哲学と社会哲学を分離することによって、「個人のあるべき生き方」に対する社会による強制を排除しようとするのですが、個人哲学と社会哲学を分離すると、個々の人間はその主体性を完全に保障されます。ですから、個々の人間はそれぞれが自分の生きる道を追求しながら生きることになるのですが、しかし、そのことは個人哲学の分野では、相対主義が促進されることを意味します。それぞれの人間が自分の生きる道を追求する。したがって、それは、ある意味では相対主義の極地です。

しかし、「人間を起点とする社会哲学」が確立されていない状況での相対主義は、他者の人間の尊厳を侵す考え方を生み出す可能性を持っています。相対主義は人間の生き方に対する普遍的真理を認めません。ですから、各人は自分で自分の生きる価値を求めるのですが、しかし、そのことは他の人間に対する優越性を通じて自分の価値や生き甲斐を求める人間が生まれる可能性も含んでいます。そして、それはさらに他の人間を蔑視したり、迫害したりする考え方を生み出す可能性をも含んでいます。つまり、相対主義は、「人間を起点とする社会哲学」が確立されていない状況の下では、他の民族や他の人種、あるいは下層階級や自分と違う人間などを蔑視したり、迫害したりする考え方を生み出すおそれを持っているのです。

この場合、他の人間を蔑視したり迫害したりする可能性を持つ思想には色々考えられます。たとえばニーチェの「超人」の考え方や「ダス・マン」に頽落している人間を否定するハイデッガーの考え方は、他者に対する自分の優越した価値という考え方の側面を持っています。もちろん、ニーチェやハイデッガーの哲学をそのように捉える考え方に反対する人はいるとは思います。しかし、少なくともニーチェやハイデッガーの考え方が他の人間を蔑視する考え方を持つ勢力に利用される可能性を持っていたことは確かです。だからこそ、ニーチェの「超人」はナチスに利用されて、ドイツ民族の優越性とユダヤ人の虐殺につながった。そして「ダス・マン」に頽落している人間を否定するハイデッガーは、そのハイデッガー自身がナチスの党員だった……。

またマルクスの労働者階級の歴史的使命という考え方やレーニンの労働者階級の前衛党という考え方も他者に対する自分の優越した価値の考え方という側面を持っています。そして、レーニンの農民に対する労働者階級の指導の考え方も――この考え方は、いわゆるプロレタリアート独裁の考え方の一部ですが――、そのような意味を持つでしょう。したがって、それは資本家階級や農民、さらに労働者階級自身に対する大規模な人権侵害をもたらしてしまった。

そして、私は、わが国における武士道の考え方も他の人間を蔑視したり迫害したりするおそれを持っていると考えています。そもそも武士とは貴族にさぶらう者です。ですから武士道は身分制社会の中から生まれた考え方であり、武士は主君に逆らえない者です。そしてその武士は、武家政権ができた後もやはり主君には逆らえない者でした。武士は、それがどんなに理不尽な命令であったとしても、主君の命令には逆らえない。

ところが、主君の命令に逆らえない武士は、農民や商人などの民衆に対しては絶対的な優越感を持っています。その優越感の中心にあるものは、自ら死ぬことができること、つまり切腹することができることに対する優越感です。たぶん冷静に考えれば、それはあまりにも理不尽な優越感ですが、しかしそれは、主君の命令に逆らえない理不尽さを補うための屈折した優越感と言ってもいいでしょう。そしてその優越感は確実に、自ら死ぬことができない農民や商人などに対する蔑視につながります。

私は、武士道の考え方が明治以降のわが国における「自己犠牲を強要し合う社会」をもたらした大きな要因になっていると考えています。つまり、武士道の精神にもとづいて自ら死ぬことができると考えている人間が他の人間にもそのように考えることを強要した結果、「自己犠牲を強要し合う社会」が作られた、そのように私は考えているのですが、そして私は、「自己犠牲を強要し合う社会」は現在のわが国においても潜在的に存在し続けていると考えています。

そこで私は、現在においても、武士道の考え方の持つ危険性に対しては、そのことをはっきりと指摘しておく必要があると考えているのですが、もちろん、実存主義や社会主義思想や武士道の考え方は相対主義の考え方そのものではありません。しかし、相対主義の考え方が支配的な社会では、他者の人間の尊厳を侵す思想も、様々な主張の一つとして存在を許されるのです。したがって、実存主義や社会主義や武士道の持つ他の人間を蔑視したり迫害したりする可能性の部分も、否定されることなしにそのまま許容されることになります。したがって、相対主義には、やはり何らかの「歯止め」が必要なのです。他の人間を蔑視したり迫害したりする考え方を許容する相対主義は、その部分において制限されなくてはならない。

「人間を起点とする社会哲学」と相対主義

「人間を起点とする社会哲学」は、その相対主義に「歯止め」を与えることができるのではないかと思います。何によって歯止めを掛けるのか？　それは、人間の尊厳や基本的人権や民主主義などの社会的価値によって、です。「人間を起点とする社会哲学」は、人間の尊厳を人間社会の「公理」とします。そして、「人間を起点とする社会哲学」は、基本的人権や民主主義を、「公理」としての人間の尊厳に基づく普遍的価値とします。したがって、他者の人間の尊厳を侵す相対主義に対しては、その他者の人間の尊厳を侵害する部分を、基本的人権や民主主義によって制限できる可能性があるのです。

「人間を起点とする社会哲学」は、社会哲学における普遍的価値に抵触しない個人哲学に関しては、相対主義を徹底します。そして、そのことを通じて多様な価値観に基づく多様な社会を保障します。例えば、「人間を起点とする社会哲学」は同性愛論者の結婚する権利を認めます。なぜなら、同性同士が結婚することは他者の人間の尊厳を侵すことにはつながらないからです。そして「人間を起点とする社会哲学」は、たとえ同性であろうとも自分の愛する人と結婚することは、その人間の個人哲学に属することと考えるからです。つまり、社会哲学と個人哲学を分離して考える「人間を起点とする社会哲学」は、社会哲学の分野では他者の人間の尊厳を侵す相対主義に歯止めを与える役割を果たし、個人哲学の分野では相対主義を徹底することによって、多様な価値観に基づく多様な社会を保障することができると考えることができるのです。

(4) 人権革命と民主主義の発展

今日のメインの話は終わりました。後は4の「人権革命と民主主義の発展」という部分と最後の「おわりに」ですが、「人権革命と民主主義の発展」の部分は、そういうタイトルを付けると『右傾化に打ち克つ新たな思想』の第3章にある「人間を起点とする社会哲学」の意図する部分がすべて含まれるからそうつけただけで、別にその内容を説明しようと考えているわけではありません。

そしてこの部分は、半分以上が私のボケ防止を目的とした部分です。最近、私にはまったく別の過去の二つの記憶が一つにくっついてしまい、そう信じ切って何かをしようと思ったことがあるのですが、そのことに気がついた時には本当に冷や汗が出ました。そこで、今の私にはこの時に何をした、あの時に何をしたということを確認しないと何かとんでもないことをするかもしれないという気持ちがあるのですが、だから私の考えたことも、これはいつ考えた、あれはいつ考えたということを確認しないと私のボケは進行してしまう。

ですから、ここの部分は半分以上が私のボケ防止の部分なのですが、しかしこの部分には私がこれまで考えてきたことの整理という意味もあるので、一応、二、三のことを簡単に述べておくことにしたいと思います。

ノートの「人権革命・『平和のための革命』」の部分ですが、まず最初に書いてあることは人権革命と「新」社会契約説の考え方はどちらが先に生まれたかということです。どうしてこの問題を取り上げたのかというと、私の市販されている最初の本は『国家は戦争をおこなっていいのだろうか』（すずさわ書店、一九九二年）という本で、それは「平和のための革命」、つまり平和のための人権革命の問題だけを扱っており、「新」社会契約説の考え方は扱っていないからです。

しかし、人権革命の考え方と「新」社会契約説の考え方については、「新」社会契約説の方が先に生まれています。私は、三〇歳になる直前に『平和史を築くための理論』（一九七八年、美麻兼というペンネームで執筆）という私の処女作を自費出版しているのですが、「新」社会契約説の骨格になる部分はこの時にすでにできあがっています。

「新」社会契約説の考え方の原型あるいは発想そのものは、今日お話ししたように、たぶん私の小学校・中学校時代にすでに生まれていたのだと思います。しかし、「新」社会契約説の名称を初めて用いたのは、基本的人権の図を始めとするいくつかの図を完成させた『国民主権に耐えられるか――戦後日本を前進させるために』（すずさわ書店、一九九九年）の時です。

平和と革命を結びつけて考える考え方は、『平和史を築くための理論』を出版した直後に生まれました。社会主義革命が「悪しき革命」であったことは、学生時代にすでに考えていたのですが、人権革命の考え方を初めて本にしたのは、『平和のための革命——21世紀の革命』（アイキ出版社発行、共栄書房発売、一九八七年、美麻兼というペンネームで執筆）の時のことです。実を言うとこの出版社は私の家内を社長にして私が作り、この本を出しただけで後は何もしなかった出版社です。ですからこの本はほとんど知られていません。そこでその内容のほとんどは『国家は戦争をおこなっていいのだろうか』の中に再述してあります。

民主主義の本質規定と民主主義の発展に関しては、かつて私は民主主義という言葉をほとんど使っていません。その理由は、『国民主権に耐えられるか』の中でも書いているように「民主主義という用語はあまりにも多くの内容を含みすぎており、そのくせそれは相手を黙らせるほどに強すぎる価値を付与されている」（四五頁）からですが、民主主義に関しては、『平和のための経済学——経済を知って平和や福祉のことを考えよう』（明石書店、二〇〇六年）の中で初めて書きました。マックス・ウェーバーの『プロテスタンティズムの倫理と資本主義の精神』について考えている時に、急に書こうと思ったのですが、それは資本主義経済に欠点があるなら、民主主義にも同じような欠点があるだろうという発想が生まれたからです。もし民主主義に欠点があるとしたら、民主主義という言葉を神格化して使う他の論者にその言葉の意味を委ねておく訳にはいかない。そこで私は、自分自身で民主主義の本質規定を行っておく必要を感じたのです。

民主主義の発展と人権革命の進展をイコールとする考え方はそれ以前にも漠然とは思っていた

のですが、上智人間学会の『人間学紀要42』に発表した「民主主義の発展と『近代の超克』」の問題を考える際に、初めて明確に結びつけました。ですから、それはその論文の中で初めて記述しています。そしてその論文は、『右傾化に打ち克つ新たな思想』の中に収められています。

私の処女作『平和史を築くための理論』について一言付け加えます。この本は、著者である私自身が読み返すのが苦しくなるほどまじめに論理を追究しています。そして、私は、この本の中で「新」社会契約説以外のことも考えているのですが、しかしこの本には一カ所だけ、今の論理とは異なったことを述べている箇所があります。

それは、この本の中の最後の方にある「平和国の国防」の中で「非暴力による国防」について述べている部分ですが、私はこれまで十数冊の本を書いてきており、その中で様々な論理を追究してきました。しかし、以前に書いたことと異なることを後の本で述べるということは、この箇所以外にはありませんでした。もちろん前に書いたことを発展させているということはあります。しかし前に書いたことと異なることを後の本で書いたということは、この部分を除いてありません。

どうしてこの部分だけが私の今の考えと異なっているのか。それは、ここの部分を書いている時に私の心に変化があったのに、書いている内容を変えなかったからです。もちろん私は、最初は現代の戦争の犠牲の大きさを考えれば非暴力による国防の方が軍事力による国防より優っていると考えてこの部分を書き始めました。しかし、書いている途中で、非暴力による抵抗というような闘いは、私には――そして日本人にも――たぶん耐えられないという気持ちが湧いてきました。そのような闘いには、気の遠くなるような粘り強さや、何があっても崩れない結束力などが必要とされるからですが、その時は三〇歳になる前に私の本をまとめ上げたいという今から考えればつまらない思いもあって、内容を変えなかったのです。そこでこの部分は、『国家は戦争をおこなっていいのだろうか』の中で修正したのですが、このことがあってから私は、私の心と違うことは絶対に書かなくなりました。

おわりに

最後です。ノートの「5　おわりに」は「人間の尊厳を確信できる人の役割」と「私の考え方が広まるには」という二つの項目が書いてあります。「私の考え方が広まるには」に関しては、私の考え方や私の置かれた立場を客観的に見ればという意味で入れたのですが、しかし、このことに関しては、やはり私自身の考えは述べない方がいいでしょう。ここでは、皆さんにお考えがあれば何か私にアドヴァイスをということにしておきたいと思います。

人間の尊厳を確信できる人の役割に関しては、皆さんの力が必要だということです。私の論理の最大の問題点は、たぶん当為の命題を認める人間を現在では大多数と見なしている点にあります。先ほども述べたように、「人間を起点とする社会哲学」は、「人間は、その人間社会において

『尊厳』なる存在として扱われなくてはならない」という当為の命題が大多数の人間によって承認されるとしたら、人間の尊厳は「公理」として承認されなくてはならない、としています。

しかし、もしかすると、この当為の命題を認める人間は大多数ではないかもしれない。たぶん、現在のヨーロッパでは大多数の人間がこの命題を認めているとは思います。しかし、もしかすると、世界はまだそうなってはいないかもしれない。そして、日本も、もしかするとそうなってはいないのかもしれない。

そこで、人間の尊厳を個人哲学の次元で日常的に確信できる人が、人間の尊厳を語る必要があるのです。芸術家、小説家、学者、宗教家、市民運動家……。たぶん宮崎駿さんが、「この世は生きるに値する」(6)と言っていたような気がするのですが、宮崎駿さんのような人間にとっては、たぶん人間は本当に素晴らしく、したがって個人哲学の次元でも本当に人間は尊厳であると思えるのでしょう。だからこそ、この世は生きるに値する！　ですから、そのように思える人間が人間の尊厳を語る。そして、「公理」としての人間の尊厳を認める人間を増やす。

しかし、私にはそれができません。なぜなら、先にお話ししたように、私は個人哲学の次元では人間の価値は証明できないと考えており、人間のすべての行動は無意味かもしれないと思っているからです。確かにわが国における政治的反動に対する私の憤りの心は私を強く、そして長く動かし続けてきました。しかし、たとえ日本国民の戦後の「感覚」にしたがって生きることができたとしても、そのことで私は私の生き方に価値があるとはやはり思えないのです。

『右傾化に打ち克つ新たな思想』の中に「もし自殺することができないのであれば、死が訪れるまでは、自らの生き方が無価値である可能性の大きさに苦しみつつ生き続けていくという決心だけはしなくてはならないでしょう」（一〇三頁）という文章があります。実を言うとこれは私のことを言っているのですが、個人哲学の次元で人間の尊厳を思えない人間には、人間の尊厳を信じる人間を増やすことができない。

しかし、私は、そのような私だからこそ、思想構築という仕事ができたのかもしれないとも考えています。なぜならば、このような仕事はすべて徒労になるかもしれない仕事だからです。もしかするとまったく無駄な仕事かもしれない。もしかすると誰も認めてくれないかもしれない。しかし、人生が無意味である以上、それはそれで仕方のないことだ。そのように思うことができるからこそ、このような仕事はたぶんできるのです。

ですから、そのような私が、このような思想を作ってきた。だから、後は、自分が生きていることの意味を確信しているみなさんが、人間の尊厳を語るのです。人間の素晴らしさを語り、人間の生きていることの意味を語る。そうすれば、何かが変わるかもしれない、そのように私は思うのです。

どうも有り難うございました。

（二〇一四年六月二九日、コンセントワークショップ〔CWS〕、湯島のオフィスにおいて）

註

（1）この講演を行ったサロンは、私の友人の佐藤修氏が主催する「色々な人が出会って、意見をぶつけ合う」ことを目的としたサロンです。しかし、この日はすでに『右傾化に打ち克つ新たな思想』を読んでもらっている方のみに集まってもらって話をしました。そのため、講演のためのノートも事前にメールで送り、先に読んでおいてもらうという形をとりました。それは、サロンの参加者がまったく私の考え方を知らないという状態で話をすると、結局は私の考え方の説明に終始するだけでサロンそのものが無意味になってしまうという過去の経験があったからですが、そのためこの時は講演のためのノートも通常のレジュメと言われるようなものよりもかなり詳しいものを作り、それを事前にメールで送って先に読んでおいてもらうという形をとりました。そして、そのノートの見出しにそって話をしたのが、この講演の内容です。

（2）この話の出典は、大江健三郎著・大江ゆかり画『「自分の木」の下で』（朝日新聞社、二〇〇一年）、七～一九頁。

（3）人間を起点とする社会の図の最大の特徴は、人間の生活領域というものを考え、その人間の生活領域のうち、「人間相互の関係によって成立する共通の生活領域」を社会と捉えるということです。だからこそ、それは人間をすべて包み込み、個々の人間に優位するといった全体主義の社会像を否定することができるのですが、また基本的人権の図の最大の特徴は、「人間の生活のうち、人間の尊厳を実現していく上で他の生活の土台あるいは核心となっている生活」という形で、基本的生活領域という概念を打ち出したことです。ですからそれは、他者によって侵害されてはならない生活領域となって基本的人権がカヴァーする領域につながるのですが、人間を起点とする社会と基本的人権の図に関する詳細は『国民主権に耐えられるか——戦後日本を前進させるために』（すずさわ書店、一九九九年）、八九～一六八頁、『平和のための政治学——近代民主主義を発展させよう』（明石書店、二〇〇六年）、二四五～二六七頁などを参照。

（4）品川正治著『激突の時代――「人間の目」VS.「国家の目」』（新日本出版社、二〇一四年）参照。なお品川正治氏（故人）は新自由主義的な経済政策への批判、平和主義、護憲の立場からの発言や運動を行っていた財界人で、『9条がつくる脱アメリカ型国家――財界リーダーの提言』（青灯社、二〇〇六年）や『戦後歴程――平和憲法を持つ国の経済人として』（岩波書店、二〇一三年）などの著作があるのですが、特に私は『戦争の本当の恐さを知る財界人の直言』（新日本出版社、二〇〇六年）に書かれている中国人女性を囲った部隊の話は、従軍慰安婦問題同様、今後真相を追求する必要があると考えています。

（5）小阪修平氏は私の友人が教えてくれた哲学を非常に分かりやすく書くことができる人物で、『イラスト西洋哲学史』（JICC出版局、一九八九年）、『現代思想のゆくえ』（彩流社、一九九四年）、『思想としての全共闘世代』（ちくま新書、二〇〇六年）などの著書があります。なお、「ちゃぶ台をひっくりかえした」という表現は、『はじめて読む現代思想I〔水源編〕――真理なき時代の哲学』（芸文社、一九九五年）、一五頁に出てきます。

（6）私は、宮崎駿氏は『となりのトトロ』、『魔女の宅急便』、『千と千尋の神隠し』などのアニメ作品を通じて個人哲学の次元でも人間が尊厳であるということを語り続けている人物と考えているのですが、なお、後で調べたところ、「この世は生きるに値する」という言葉は、二〇一三年九月に行われた氏の引退記者会見における発言でした。

〔付録〕日本国憲法改正私案

（改正部分を太字で表記）

日本国民は、前日本国憲法が占領下に制定されたものであること、及びその前日本国憲法制定以前のわが国が半封建的、全体主義的傾向を色濃く持った国であったことを自覚し、ここに主権者及び近代的市民としての総意を改めて確認し、前憲法を改正してこの憲法を制定する。

国家を含むあらゆる社会の最低限度の目的は基本的人権の保障にあり、またすべての国の民衆は社会的苦しみからの解放を基本的人権という形にして獲得してきた。従って、日本国家は、人類が今まで歴史的に獲得してきた自由権的基本権、生存権的基本権を始めとする基本的人権を最大限に尊重する。また、日本国家は、人類の人権獲得の歴史が未だ途上にあることを認め、今後も民衆の社会的苦しみからの解放を基本的人権として受け入れ、それを保障する意志を持つ。

未だ解放がなされていない民衆の社会的苦しみのうち最大のものは、戦争の苦しみである。人類は前世紀に二度に亘る世界大戦を経験し、わが国民も特に第二次世界大戦において被害者体験のみならず加害者体験をも含む深刻な戦争体験を持つ。しかし、その戦争の苦しみからの民衆の解放に対する国際社会の対応は、現在においても決して十分なものとは言えない。そこで、日本国家は、将来的には戦争廃絶が人類の目的であることを確認し、かつこの憲法の中に現在においても保障すべき平和権的基本権の幾つかを掲げる。また同時に日本国家は、他国に対しても同様な方向へと歩み始めるよう積極的に働きかける意志を持ち、それを国家の責務とすることを宣言する。

第1章　人及び国民の権利及び義務

第1条〔個人の尊重〕何人も、個人として尊重される。生命、自由及び幸福追求に対する各人の権利については、公共の福祉に反しない限り、立法その他の国政の上で、最大の尊重を必要とする。

第2条〔基本的人権の享有〕何人も、基本的人権の享有を妨げられない。この憲法に掲げられる基本的人権は、侵すことのできない永久の権利として、現在及び将来にわたって保障される。

第3条〔自由・権利の保持の責任とその乱用の禁止〕この憲法に掲げられる自由及び権利は、各人の不断の努力によって、これを保持しなければならない。又、何人も、これを乱用してはならないのであって、常に公共の福祉のためにこれを利用する責任を負う。

第4条〔法の下の平等、貴族の禁止、栄典〕①すべて国民は、法の下に平等であって、人種、信条、性別、社会的身分又は門地により、政治的、経済的又は社会的関係において、差別されない。②華族その他の貴族の制度は、これを認めない。③栄誉、勲章その他の栄典の授与は、いかなる特権も伴わない。栄典の授与は、現にこれを有し、又は将来これを受ける者の一代に限り、その効力を有する。

第5条〔思想及び良心の自由〕思想及び良心の自由は、これを侵してはならない。

第6条〔信教の自由〕①信教の自由は、何人に対してもこれを保障する。いかなる宗教団体も、国から特権を受け、又は政治上の権力を行使してはならない。②何人も、宗教上の行為、祝典、儀式又は行事に参加することを強制されない。③国及びその機関は、宗教教育その他いかなる宗教的活動もしてはならない。

第7条〔知る権利、情報の公開〕①何人も、自らの意見あるいは思想の前提となる事実、考えその他に関する情報を求める権利を持つ。②国及び地方公共団体は情報公開に努めなくてはならない。

第8条〔表現の自由、通信の秘密〕①言論、出版その他一切の表現の自由は、これを保障する。②検閲は、これをしてはならない。通信の秘密は、これを侵してはならない。

第9条〔プライバシーの権利、名誉及び信用の保障〕①何人も、その私生活、家族、住居あるいは通信に対して、恣意的にあるいは不法に干渉されない権利を有する。②名誉及び信用を不法に攻撃されない権利は、これを保障される。

第10条〔学問の自由〕学問の自由は、これを保障する。

第11条〔集会、結社の自由及び政党結成の自由〕集会、結社の自由及び政党結成の自由は、これを保障する。

第12条〔請願権〕何人も、損害の救済、公務員の罷免、法律、命令又は規則の制定、廃止又は改正その他の事項に関し、平穏に請願する権利を有し、何人も、かかる請願をしたためにいかなる差別待遇も受けない。

第13条〔公務員の選定及び罷免の権利、公務員の本質、普通選挙の保障、秘密投票の保障〕①公務員を選定し、及びこれを罷免することは、国民固有の権利である。②すべて公務員は、全体の奉仕者であって、一部の奉仕者ではない。③公務員の選挙については、成年者による普通選挙を保障する。すべて選挙における投票の秘密は、これを侵してはならない。選挙人は、その選択に関し公的にも私的にも責任を問われない。

第14条〔職業選択の自由〕何人も、公共の福祉に反しない限り、職業選択の自由を有する。

第15条〔財産権〕①財産権は、これを侵してはならない。②財産権の内容は、公共の福祉に適合するように、法律でこれを定める。③私有財産は、正当な補償の下に、これを公共のために用いることができる。

第16条〔生存権、国の社会的使命〕①すべて国民は、健康で文化的な最低限度の生活を営む権利を有する。②国は、すべての生活部面について、社会福祉、社会保障及び公衆衛生の向上及び増進に努めなければならない。

第17条〔教育を受ける権利、国及び地方公共団体の義務、義務教育、親の義務〕①すべて国民は、法律の定めるところにより、その能力に応じて、ひとしく教育を受ける権利を有する。②国及び地方公共団体はすべての児童に対して教育を受ける権利を保障するための環境を整える義務を持つ。この義務は、精神的または身体的に障害を背負う児童に対しても免れることはできない。③

義務教育は、これを無償とする。④すべて国民は、法律の定めるところにより、その保護する子女に普通教育を受けさせる義務を負う。

第18条〔勤労の権利及び義務、勤労条件の基準〕①すべて国民は、勤労の権利を有し、義務を負う。②賃金、就業時間、休息その他の勤労条件に関する基準は、法律でこれを定める。

第19条〔勤労者の団結権〕　勤労者の団結する権利及び団体交渉その他の団体行動をする権利は、これを保障する。

第20条〔環境権、環境保全に対する国民の義務及び国、地方公共団体の責務〕①何人も、健全で恵み豊かな環境を享受する権利を有する。②日本国民は、将来をも含めた環境が人類存続の基盤であることを自覚し、自らその保全につとめる義務を負う。③国及び地方公共団体は、環境保全のため最大限に努力する責務を負う。

第21条〔奴隷的拘束及び苦役からの自由〕　何人も、いかなる奴隷的拘束も受けない。又、犯罪に因る処罰の場合を除いては、その意に反する苦役に服させられない。

第22条〔居住及び移転の自由、外国移住及び国籍離脱の自由〕①何人も、公共の福祉に反しない限り、居住及び移転の自由を有する。②何人も、外国に移住し、又は国籍を離脱する自由を侵されない。

第23条〔法定の手続の保障〕　何人も、法律の定める手続によらなければ、その生命若しくは自由を奪われ、又はその他の刑罰を科せられない。

第24条〔裁判を受ける権利〕　何人も、裁判所において裁判を受ける権利を奪われない。

第25条〔逮捕の要件〕何人も、現行犯として逮捕される場合を除いては、権限を有する司法官憲が発し、且つ理由となっている犯罪を明示する令状によらなければ、逮捕されない。

第26条〔抑留・拘禁の要件、不法拘禁に対する保障〕何人も、理由を直ちに告げられ、且つ、直ちに弁護人に依頼する権利を与えられなければ、抑留又は拘禁されない。又、何人も、正当な理由がなければ、拘禁されず、要求があれば、その理由は、直ちに本人及びその弁護人の出席する公開の法廷で示されなければならない。

第27条〔住居の不可侵〕①何人も、その住居、書類及び所持品について、侵入、捜索及び押収を受けることのない権利は、第25条の場合を除いては、正当な理由に基いて発せられ、且つ捜索する場所及び押収する物を明示する令状がなければ、侵されない。②捜索又は押収は、権限を有する司法官憲が発する各別の令状により、これを行う。

第28条〔拷問及び残虐刑の禁止〕公務員による拷問及び残虐な刑罰は、絶対にこれを禁ずる。

第29条〔刑事被告人の権利〕①すべて刑事事件においては、被告人は、公平な裁判所の迅速な公開裁判を受ける権利を有する。②刑事被告人は、すべての証人に対して審問する機会を充分に与えられ、又、公費で自己のために強制的手続により証人を求める権利を有する。③刑事被告人は、いかなる場合にも、資格を有する弁護人を依頼することができる。被告人が自らこれを依頼することができないときは、国でこれを附する。

第30条〔自己に不利益な供述、自白の証拠能力〕①何人も、自己に不利益な供述を強要されない。

②強制、拷問若しくは脅迫による自白又は不当に長く抑留若しくは拘禁された後の自白は、これを証拠とすることができない。③何人も、自己に不利益な唯一の証拠が本人の自白である場合には、有罪とされ、又は刑罰を科せられない。

第31条〔遡及処罰の禁止・一事不再理〕何人も、実行の時に適法であった行為又は既に無罪とされた行為については、刑事上の責任を問われない。又、同一の犯罪について、重ねて刑事上の責任を問われない。

第32条〔刑事補償〕何人も、抑留又は拘禁された後、無罪の裁判を受けたときは、法律の定めるところにより、国にその補償を求めることができる。

第33条〔国及び公共団体の賠償責任〕何人も、公務員の不法行為により、損害を受けたときは、法律の定めるところにより、国又は公共団体に、その賠償を求めることができる。

第34条〔平和権、他国民の平和権の尊重及び他国民に対する日本国民の平和権尊重の要求〕①日本国民は、将来的には、何人もが戦争を行う自国、他国その他の集団によって生命、財産を奪われない権利を獲得すべきであることを確認する。②日本国家は、他国からの侵略を受けない限り、現在においても、わが国がかかわる戦争によって他国民の生命、財産を侵害することを禁止される。③また、日本国家は、同時に他国家も日本国民の同様の権利を侵害しないよう要求する。

第35条〔国民の非武装権〕日本国民は、国家の兵員になることを強制されない権利を持つ。

第36条〔軍国主義国家からの解放、玉砕強制の禁止〕①日本国民は、軍国主義国家から解放される。

②玉砕の強制は二度と許されてはならない。
第37条〔総力戦体制からの解放〕①日本国民は軍事的、政治的、経済的その他の総力戦体制から解放される権利を有する。②自治組織、企業、報道機関、公務員、学校その他に対する戦争協力の強制は許されてはならない。③勤労動員は禁止される。

第38条〔学校における軍国主義教育からの解放、学校における総力戦体制の導入の禁止〕①学校における軍国主義教育は禁止される。②軍事教練、勤労学徒動員、学童強制疎開、学徒出陣その他の学校における総力戦体制導入は、二度と許されてはならない。

第39条〔侵略戦争の加害者にならない権利、民族自決権の尊重、植民地支配の禁止〕①日本国民は、侵略戦争の加害者にならない権利を有する。②日本国家は、自民族及び他民族の自決権を最大限に尊重する。③植民地支配は禁止される。

第40条〔子どもの尊厳及び子どもの最善の利益、子どもの環境、経済的搾取・有害労働からの保護〕①すべて子どもは、尊厳たる人間として扱われなくてはならない。また、子どもにかかわるすべての活動においては、子どもの最善の利益が第一義的に考慮される。②家族、学校その他の子どもの生活する場は、子どもの生存及び発達を可能な限り最大限に確保する環境とならなくてはならない。③子どもは経済的搾取及び有害労働から保護される。

第41条〔女性の尊厳、国家の男女平等確保に関する義務、家族生活における個人の尊厳と両性の平等〕①すべて女性は、尊厳たる人間として扱われなくてはならない。②日本国家は、政治的、経済的、社会的、文化的、市民的その他のいかなる分野においても男女に平等の権利を確保する義務を負う。③婚姻は、両性の合意のみに基いて成立し、夫婦が同等の権利を有することを基本として、相互の協力により、維持されなければならない。④配偶者の選択、財産権、相続、住居の選定、離婚並びに婚姻及び家族に関するその他の事項に関しては、法律は、個人の尊厳と両性の本質的平等に立脚して、制定されなければならない。

第42条〔外国人の人間の尊厳、特別永住者の権利、特別永住者以外の定住者の参政権〕①日本国家は、日本国籍を持たない外国人に対しても、その外国人の人間の尊厳に立脚して対応しなくてはならない。②サンフランシスコ平和条約によって国籍を離脱した国内住民及びその子孫は、この憲法及び日本国内のすべての法律、命令、条例が国民に保障する権利と完全に同じ権利を保障される。③前項に規定する特別永住者以外の定住する外国人の国及び地方公共団体に対する選挙権、被選挙権に関しては、法律及び条例でこれを定める。

第43条〔納税の義務〕国民は、法律の定めるところにより、納税の義務を負う。

第2章　国民及び天皇

第44条〔国民主権、国家権力の行使〕①日本国民は日本国の主権者であり、すべての国家権力は国民に由来する。②国民は、この憲法の定めた方法によって、国家権力を行使する。

第45条〔国民の要件〕日本国民たる要件は、法律でこれを定める。

第46条〔天皇の地位〕天皇は、日本国の象徴であり日本国民統合の象徴であって、この地位は、主権の存する日本国民の総意に基く。

第47条〔皇位の継承〕皇位は、世襲のものであって、国会の議決した皇室典範の定めるところにより、これを継承する。

第48条〔天皇の国事行為に対する内閣の助言と承認〕天皇の国事に関するすべての行為には、内閣の助言と承認を必要とし、内閣が、その責任を負う。

第49条〔天皇の権能の限界、天皇の国事行為の委任〕①天皇は、この憲法の定める国事に関する行為のみを行い、国政に関する権能を有しない。②天皇は、法律の定めるところにより、その国事に関する行為を委任することができる。

第50条〔摂政〕皇室典範の定めるところにより摂政を置くときは、摂政は、天皇の名でその国事に関する行為を行う。この場合には、前条第1項の規定を準用する。

第51条〔天皇の任命権〕①天皇は、国会の指名に基いて、内閣総理大臣を任命する。②天皇は、内閣の指名に基いて、最高裁判所の長たる裁判官を任命する。

第52条〔天皇の国事行為〕天皇は、内閣の助言と承認により、国民のために、左の国事に関する行為を行う。
1　憲法改正、法律、政令及び条約を公布すること。

2　国会を召集すること。
3　衆議院を解散すること。
4　国会議員の総選挙の施行を公示すること。
5　国務大臣及び法律の定めるその他の官吏の任免並びに全権委任状及び大使及び公使の信任状を認証すること。
6　大赦、特赦、減刑、刑の執行の免除及び復権を認証すること。
7　栄典を授与すること。
8　批准書及び法律の定めるその他の外交文書を認証すること。
9　外国の大使及び公使を接受すること。
10　儀式を行うこと。

第53条〔皇室の財産授受〕皇室に財産を譲り渡し、又は皇室が、財産を譲り受け、若しくは賜与することは、国会の議決に基かなければならない。

第54条〔天皇の軍事的、政治的利用の禁止〕①国民は天皇を軍事的、政治的に利用してはならない。②天皇を神格化する行為は禁止される。

第55条〔国旗及び国歌、国旗及び国歌強制の禁止〕①国旗及び国歌は、法律でこれを定める。②国旗及び国歌を強制することにより、その国旗及び国歌に反対する国民の思想及び信条の自由を侵すことは許されない。

第3章　自衛軍と国際協力

第56条〔自衛軍の保持、徴兵制の禁止、自衛軍の自国領土以外への派兵・派遣の禁止〕①日本国民は、戦争廃絶が人類の遠い将来の目標であることを認識しつつも、現在においては国家が自衛軍を保持することを認める。②但し、第35条における国民の非武装権を保障するため、徴兵制は禁止される。③また、第34条における他国民の平和権及び第39条における国民の侵略戦争の加害者にならない権利を保障するため、自衛軍の自国領土以外への派兵及び派遣は禁止される。

第57条〔非人道的兵器の保有・製造・輸出入・使用及び非人道的攻撃方法の禁止〕　核兵器、生物化学兵器を始めとする非人道的兵器の保有、製造、輸出入、使用及び非人道的攻撃方法は禁止される。

第58条〔国際協力、軍事的協力の禁止〕①日本国民及び日本国家は、経済的、文化的、人道的その他の諸分野において他国民及び他国家、国際機関と積極的に協力する。②但し、その際も、軍事的協力は行わない。

第59条〔条約及び国際法規の遵守〕日本国が締結した条約及び確立された国際法規は、これを誠実に遵守することを必要とする。

第4章　国会／第5章　内閣／　第6章　司法／第7章　財政／　第8章　地方自治

第9章　最高法規

第114条〔最高法規〕この憲法は、国の最高法規であって、その条規に反する法律、命令、詔勅及び国務に関するその他の行為の全部又は一部は、その効力を有しない。

第115条〔憲法尊重擁護の義務〕天皇又は摂政及び国務大臣、国会議員、裁判官その他の公務員は、この憲法を尊重し擁護する義務を負う。

第10章　改　正

第116条〔改正の手続、その公布〕①この憲法の改正は、各議院の総議員の過半数の賛成で、国会が、これを発議し、国民に提案してその承認を経なければならない。この承認には、特別の国民投票又は国会の定める選挙の際行われる投票において、その3分の2以上の賛成を必要とする。
②憲法改正について前項の承認を経たときは、天皇は、国民の名で、この憲法と一体を成すものとして、直ちにこれを公布する。

註

[改正案作成の基本方針]

①人権宣言及び人権宣言に関係の深い部分の改正案を作成。そのため日本国憲法の前文、第1章（天皇）、第2章（戦争の放棄）、第3章（国民の権利及び義務）、第9章（改正）、第10章（最高法規）についてのみ考察。

②第4章（国会）、第5章（内閣）、第6章（司法）、第7章（財政）、第8章（地方自治）の改正は他の論者に委ねる。

③第11章（補足）は削除。

④文体の見直しは他の論者に委ねる。

[改正案作成上の留意事項]

①前文は、全文書き換え。

②章の順序は、「人及び国民の権利及び義務」が第1章、「国民及び天皇」が第2章、「自衛軍と国際協力」が第3章、「国会」・「内閣」・「司法」・「財政」・「地方自治」に関しては従来通りの順序で第4章~第8章、「最高法規」が第9章、「改正」が第10章（最終章）。

③第1章の「人及び国民の権利及び義務」に関する条項の順序は、基本的人権の原則、平等権、精神的人権、経済的人権、身体的人権、その他の人権の順。

・精神的人権の順序は、自由権のうちの精神的自由、参政権の順。

・経済的人権の順序は、自由権のうちの経済的自由、生存権的基本権、環境権の順。

・身体的人権の順序は、自由権のうちの人身の自由、平和権的基本権の順。

[その他]

①第114条以降の条数は、第4章~第8章の条数が変わらない場合あるいは改正されない場合。

あとがき

本論でも述べたように、私が本格的に哲学を研究しようと考えたのは、つい最近（本書の第4章のサロンでの講演後）のことです。それなのにどうして私は「哲学から変えなくてはならない」とか「実存主義の哲学的拡大」とかということを考えてしまうのか。たぶんほかの人、特にほかの日本人は絶対にこんなことは考えないだろうと思うのですが、しかし私がそう考えてしまったことは事実であり、そしてそれは私にとっては、私に行動を促す真実です。そこで本書で私は「どのように哲学を変えなくてはならないか」、「どのように実存主義を哲学的に拡大しなければならないか」の論理づけを行ったのですが、たぶん私はこれからも哲学を研究し続けるのだと思います。哲学が戦争や全体主義の論理に関係するかぎり、そして哲学が「かけがえのない他者」、あるいはその「かけがえのない他者」の考え方から生まれる人間の尊厳の問題に関係するかぎり……。したがって私は、たぶんこれからも、人の行わないことを行い続けていくことになるのでしょう。

以前私は、私の書いたものをすぐにでも多くの人に読んで欲しいと思っていました。そのため私は、内容的にはどんなに高度のことであっても、意欲さえあれば高校生でも読めるようにと考えてこれまで文章を書いてきたのですが、しかし、本書に関しては、すぐにでも多くの人に読んで欲しいと望むことの方が無理なのかもしれません。多くの人々にとって、哲学というものはやはりすぐに読みたいというものではないからですが、しかし哲学から考えるということは、一歩下がって考えるということです。今のままではどうにもならない。今のままではあまりにも絶望的である。だからこそ、論理の根底にまで遡って考える。そこで本書に関しては、暫くは少数の人間に読んでもらえたらそれでいいと私は考えています。まず少数の人間に理解してもらう。そして、その少数の人間を通じて、何時かは多くの人に分かってもらう。そして、多くの人に分かってもらえるその時がたとえ私が死んだ後のことであっても、それはそれで仕方がない。

この本の読者層に関して強いて希望を述べるとすれば、本書は、特に「団塊の世代」、あるいは年齢層の幅をもう少し広げて「戦争を知らない子どもたち」と呼ばれた私と同世代の人たちに読んでいただけたらと思います。私たちの世代は、戦前の日本とは異なる新しい日本を作らなくてはならないという雰囲気の中で育ちました。そこでわが世代の仲間の多くは新しい日本を作るために学生運動に参加し、またその学生運動に参加しなかった者もそれぞれに何らかの行動をとっていたのですが（本論でも触れたように、私は学生運動には参加しませんでした）、ですから、もしかすると私以外のわが世代の仲間たちも、今のままではどうにもならない、今のままではあまりにも絶望的であると考えているのかもしれません。

もしそうだとしたら、私はそのような仲間たちにも論理の根底にまで遡って考えてほしいと思います。そして、そのために本書を利用してほしいと思います。そしてさらに、何らかの行動をとる。もう大分年を取ってしまったわが世代の仲間の中には、もう私たちの世代が力を発揮する時代は過ぎ去ってしまったと考えている人もいるのかもしれません。しかし、わが世代が何らかの役割を果たすべき時代は、若いがゆえに行動的になりえた学生時代よりも、むしろ今なのかもしれない！　現在の日本と世界を見ていると、私にはそのように思えるのです。

最後に、明石書店の大江道雅社長と担当してくださった神野斉さん、板垣悟さんに感謝の意を捧げたいと思います。どうも有り難うございました。

二〇一六年一二月八日

川本　兼

初出一覧

第1章　「『人間を起点とする社会哲学』と実存主義——実存主義の哲学的拡大について」（『人間学紀要』45号、上智人間学会、二〇一六年二月）

第2章　書き下ろし

第3章　書き下ろし

第4章　講演録（コンセプトワークショップ〔CWS〕、湯島のオフィス、二〇一四年六月）

[著者紹介]

川本　兼（かわもと　かねる）

1948年石川県金沢市生まれ。慶應義塾大学経済学部卒業。

思想家。上智人間学会会員。日本平和学会会員。

[著書]

『平和史を築くための理論』（私家版、1978年）

『平和のための革命――21世紀の革命』（アイキ出版社、1987年）

　[以上2冊は美麻兼のペンネームで著述]

『国家は戦争をおこなっていいのだろうか』（1992年）

『平和権』（1995年）

『国民主権に耐えられるか――戦後日本を前進させるために』（1999年）

　[以上、すずさわ書店]

『どんな日本をつくるのか――戦争を知らない戦後生まれの大人から21世紀を生きる若者へのメッセージ』（2003年）

『どんな世界を構想するのか――日本から世界へつなげる平和のためのアクション』（2003年）

『自分で書こう！　日本国憲法改正案』（2004年）

『Q&A「新」平和憲法――平和を権利として憲法にうたおう』（2004年）

『平和のための経済学――経済を知って平和や福祉のことを考えよう』（2006年）

『平和のための政治学――近代民主主義を発展させよう』（2006年）

『「日本国民発」の平和学――戦争を否定する根拠は何か』（2007年）

『「新」平和主義の論理――戦後日本の再構築をめざして』（2008年）

『日本生まれの「正義論」――サンデル「正義論」に欠けているもの』（2011年）

『日本人は「脱原発」ができるのか――原発と資本主義と民主主義』（2012年）

『右傾化に打ち克つ新たな思想――人間の尊厳に立脚した民主主義の発展を』（2014年）

　[以上、明石書店]

なお、英文書籍として『CAN A STATE CONDUCT WARFARE ?』（私家版、1993年）がある。

「新」実存主義の思想
——全体主義に打ち克つ新たな哲学

2017年1月30日　初版第1刷発行

著　者　川本　兼
発行者　石井昭男
発行所　株式会社　明石書店
〒101-0021　東京都千代田区外神田6-9-5
電　話　03（5818）1171
FAX　03（5818）1174
振　替　00100-7-24505
http://www.akashi.co.jp
装丁　明石書店デザイン室
印刷／製本　モリモト印刷株式会社

（定価はカバーに表示してあります）　ISBN978-4-7503-4464-5

JCOPY 〈（社）出版者著作権管理機構 委託出版物〉
本書の無断複写は著作権法上での例外を除き禁じられています。複写される場合は、そのつど事前に、（社）出版者著作権管理機構（電話 03-3513-6969、FAX 03-3513-6979、e-mail: info@jcopy.or.jp）の許諾を得てください。

「聖戦」と日本人 戦争世代が直面した断末魔の日々
一本松幹雄 ◉2300円

思想戦 大日本帝国のプロパガンダ
バラク・クシュナー著 井形 彬訳 ◉3700円

戦争社会学 理論・大衆社会・表象文化
好井裕明、関 礼子編著 ◉3800円

アジア女性基金と慰安婦問題 回想と検証
和田春樹 ◉4400円

かわはら先生の憲法出前授業 よくわかる改憲問題
高校生と語りあう日本の未来 川原茂雄 ◉1400円

晩年の石橋湛山と平和主義 脱冷戦と護憲・軍備全廃の理想を目指して
姜 克實 ◉2800円

憲法を手に格差と戦争をくいとめよう
福島みずほ対談集 福島みずほ ◉1800円

終わりなき戦後を問う
橘川俊忠 ◉2800円

えほん 日本国憲法 しあわせに生きるための道具
野村まり子絵・文 笹沼弘志監修 ◉1600円

世界を不幸にする原爆カード ヒロシマ・ナガサキが歴史を変えた
金子敦郎 ◉1800円

戦争報道論 平和をめざすメディアリテラシー
永井 浩 ◉4000円

原発危機と「東大話法」 傍観者の論理・欺瞞の言語
安冨 歩 ◉1600円

ジャパン・イズ・バック 安倍政権にみる近代日本「立場主義」の矛盾
安冨 歩 ◉1600円

ええ、政治ですが、それが何か?
自分のアタマで考える政治学入門 岡田憲治 ◉1800円

そろそろ「社会運動」の話をしよう 他人ゴトから自分ゴトへ。社会を変えるための実践論
田中優子、法政大学社会学部「社会を変えるための実践論」講座編 ◉2000円

貧困研究 日本初の貧困研究専門誌
貧困研究会編 【年2回刊】 ◉1800円

〈価格は本体価格です〉

米兵犯罪と日米密約　「ジラード事件」の隠された真実
山本英政　◉3000円

マルクスと日本人　社会運動からみた戦後日本論
佐藤優、山﨑耕一郎　◉1400円

大川周明と狂気の残影　アメリカ人従軍精神科医とアジア主義者の軌跡と邂逅
エリック・ヤッフェ著　樋口武志訳　◉2600円

兵士とセックス　第二次世界大戦下のフランスで米兵は何をしたのか？
メアリー・ルイーズ・ロバーツ著　佐藤文香監訳　西川美樹訳　◉3200円

日本の中国侵略植民地教育史　第一巻　東北編
宋恩栄、余子侠主編　曲鉄華、梁清著　王智新監修
大森直樹監訳　楊偉、張方鼎、朴明権、王紫薇訳　◉9200円

日本の中国侵略植民地教育史　第二巻　華北編
宋恩栄、余子侠主編　余子侠、宋恩栄著
王智新監修・監訳　木村淳訳　◉9200円

日本の中国侵略植民地教育史　第三巻　華東・華中・華南編
宋恩栄、余子侠主編　曹必宏、夏軍、沈嵐著
王智新監修・監訳　皮細庚、王偉軍、樊士進、童暁薇訳　◉9200円

日本の中国侵略植民地教育史　第四巻　台湾編
宋恩栄、余子侠主編　荘明水著
王智新監修　趙軍監訳　椿正美訳　◉9200円

検証　安倍談話　戦後七〇年　村山談話の歴史的意義
村山富市、山田朗、藤田高景編
村山首相談話を継承し発展させる会企画　◉1600円

ドイツ・フランス共通歴史教科書【近現代史】　ウィーン会議から1945年までのヨーロッパと世界
世界の教科書シリーズ43　P・ガイス、G・L・カントレック監修
福井憲彦、近藤孝弘監訳　◉5400円

ドイツ・フランス共通歴史教科書【現代史】　1945年以後のヨーロッパと世界
世界の教科書シリーズ23　P・ガイス、G・L・カントレック監修
福井憲彦、近藤孝弘監訳　◉4800円

安保法制の正体　「この道」で日本は平和になるのか
西日本新聞安保取材班編　◉1600円

平和と共生をめざす東アジア共通教材　歴史教科書・アジア共同体・平和的共存
山口剛史編著　◉3800円

いる？　いらない？　憲法9条改正よりあぶない!?　よくわかる緊急事態条項Q&A
永井幸寿　◉1600円

ヒトラーの娘たち　ホロコーストに加担したドイツ女性
ウェンディ・ロワー著　武井彩佳監訳　石川ミカ訳　◉3200円

「満洲移民」の歴史と記憶　一開拓団内のライフヒストリーからみるその多声性
趙彦民　◉6800円

〈価格は本体価格です〉

右傾化に打ち克つ新たな思想
人間の尊厳に立脚した民主主義の発展を

川本 兼 著

◆四六判／264頁 ◎2400円

改憲の動きや愛国主義強制、ヘイトスピーチ等、日本社会で高まる右傾化の潮流に「打ち克つ」思想とは？ 近代思想史や第二次大戦後の日本の民主主義の流れを検証する中で、「他者の人間の尊厳に配慮し合う人間」を導く民主主義のあり方を構想する。

日本人は「脱原発」ができるのか
原発と資本主義と民主主義

川本 兼 著

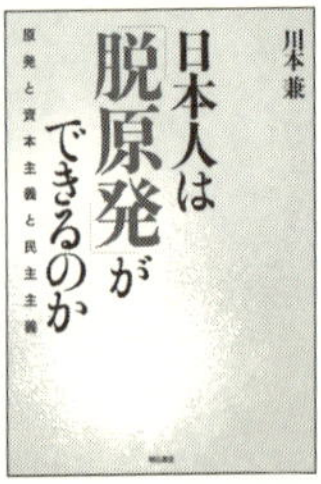

◆四六判／232頁 ◎1600円

東日本大震災以降展開されている脱原発運動を風化させないためには、まったく新しい思想が必要である——戦争と平和の問題を中心に新たな論理を追究してきた筆者が、「脱原発」をテーマとして、資本主義の害悪を克服し、民主主義を発展させる思想を構築する。

日本生まれの「正義論」 サンデル「正義論」に欠けているもの
川本兼 ◉2200円

どんな日本をつくるのか 戦争を知らない戦後生まれの大人から21世紀を生きる若者へのメッセージ
川本兼 ◉2400円

どんな世界を構想するのか 日本から世界へつなげる平和のためのアクション
川本兼 ◉2400円

自分で書こう！ 日本国憲法改正案
川本兼 ◉2500円

Q&A「新」平和憲法 平和を権利として憲法にうたおう
川本兼 ◉800円

平和のための政治学 近代民主主義を発展させよう
川本兼 ◉2600円

「日本国民発」の平和学 戦争を否定する根拠は何か
川本兼 ◉2600円

「新」平和主義の論理 戦後日本の再構築をめざして
川本兼 ◉1800円

〈価格は本体価格です〉